Luc Théler

Der Goldene Kreis des Drachen

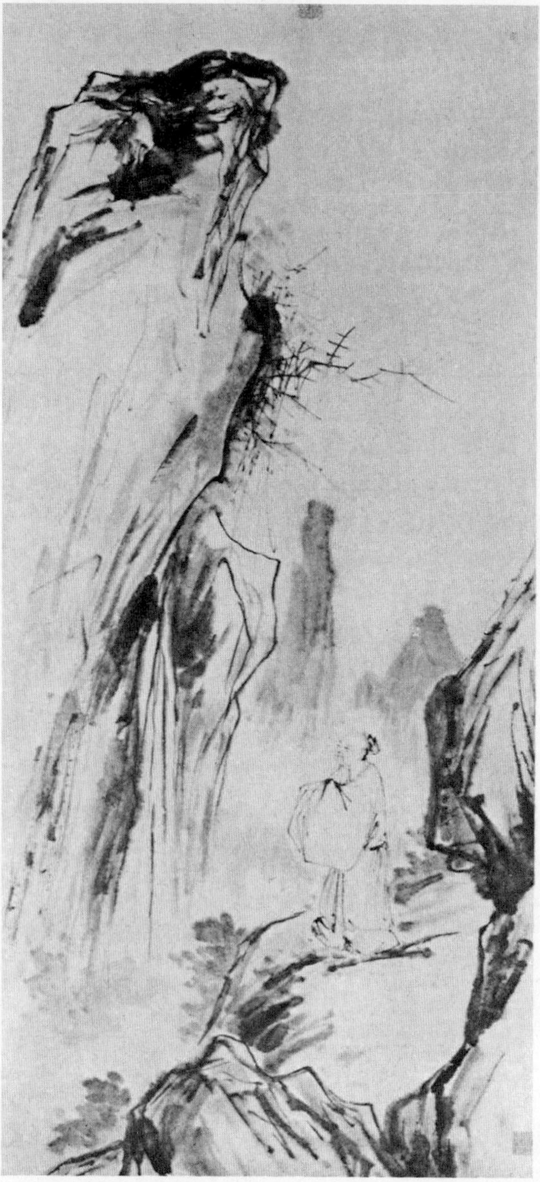

»Betrachten des Wasserfalls«, Chang Feng, um 1650

Luc Théler

Der Goldene Kreis des Drachen

und die zeitlose Weisheit
von Laozis Daodejing

Ryvellus
bei Neue Erde

Stellungnahme des Verlages: Warum wir an der »alten« Rechtschreibung festhalten

Wir halten die »neue« Rechtschreibung für eine Fehlgeburt, und das konnte auch gar nicht anders sein, weil der Ansatz der Reformer war, das Schreiben einfacher zu machen. Wir als Verlag veröffentlichen unsere Bücher aber für Sie, liebe Leserin/lieber Leser - Sie sollen es als Leser einfach haben. Das Lesen und das Verständnis ist bei vielen Regeln der »alten« Rechtschreibung einfacher und klarer. (Denken Sie nur einmal, daß nach der neuen Rechtschreibung, zwei Autoren kein Buch mehr zusammenschreiben können, es hieße dann immer, sie hätten es zusammen geschrieben, auch wenn sie es zusammengeschrieben haben.) Im übrigen sind die neuen Regeln nun auch nicht eben frei von Widersprüchen. Auf Wunsch senden wir Ihnen gerne ein ausführliches Info mit den wichtigsten Ungereimtheiten am »Neuschrieb«.

1 2 3 4 5 6 7 8 9 12 11 10 09 08 07 06 05 04 03

Der Goldene Kreis des Drachen
und die zeitlose Weisheit von Laozis Daodejing
Luc Théler

Titelseite:
Dragon Design, GB
Foto: Gabor Kovasc
Auf dem Gipfel, von dem aus das Foto aufgenommen wurde, befindet sich der höchste Tempel des Wudang-Gebirges. Es handelt sich um einen Tempel aus massiver Bronze, der mit Gold überzogen ist, man nennt ihn *qing-ding.*

Satz und Typographie:
Dragon Design GB

Gesamtherstellung:
Legoprint, Lavis

Printed in Italy

ISBN 3-89060-052-2

RYVELLUS ist ein Imprint bei Neue Erde

NEUE ERDE Verlag GmbH
Cecilienstr. 29 · 66111 Saarbrücken
Deutschland · Planet Erde
info@neueerde.de · www.neueerde.de

Inhalt

Der Traum des Drachen

Aus Liu Ans Yuan Dao:

In ihrem Streitwagen lenken, Ping Yi und Da Bing des Altertums:
Erklommen den Streitwagen des Donners
und nahmen die Wolkendrachen als ihre sechs Pferde.
Umherschweifend in den feinen Nebeln,
gallopierten im Dunstigen und Verschwommenen
und immer weiter und immer höher machten sie die Reise ihrer Reisen.
Sie glitten über Frost und Schnee ohne Hinterlassen von Spuren
und wenn die Sonne sie beschien, warfen sie keinen Schatten.
Auf einem Taifun wirbelten sie in Spiralen in die Höh,
verhandelten Berge und Flüsse,
sprangen über die Gipfel des Kunlun-Gebirges,
stießen die Changhe-Tore auf,
und traten in die Himmelswege ein.
Ein Streitwagenlenker in einer Zeit des Verfalls:
Auch mit einem leichten Gefährt, schönen Rössern,
einer starken Peitsche und einem scharfen Stachel,
kann nicht hoffen, sie einzuholen.

Daher, die Person von großartiger Statur:
Sanftmütig ist befreit aller Sorgen
und heiter ohne Gedanken für morgen,
hat die Himmel als seinen Baldachin,
die Erde als sein Häuschen,
die vier Jahreszeiten als seine Rösser,
und das Yin und Yang als seine Streitwagenlenker.
Er besteigt die Wolken und klettert durch die Himmel,
um mit dem Demiurgen der Wandlung zu sein.
Gestaltend wie es ihm gefällt und einem freieren Rhythmus folgend
gallopiert er durch seinen wunderbaren Wohnsitz.

Liu An, der König von Huainan, direkter Nachfahre des Begründers der Han-Dynastie, Liu Bang, war ein großer Literat, der an seinen Hof die renommiertesten und fähigsten Gelehrten, Künstler und Zauberer einlud, um das Wissen, Können und die überlieferten Naturtraditionen der alten Zeit zu sammeln. In seinem Kompendium Huainanzi, das etwa 139 v. u. Z. kompiliert worden ist, sind die Früchte dieser interdisziplinären Studien zusammengetragen worden, die dem Kaisergeschlecht zu einer antiautoritären, das Reich durch Strategie und ethnische Autonomie einende Regierung verhelfen sollte. Das Huainanzi umfaßt eine reiche Sammlung von Büchern der Astronomie, Astrophysik, Strategie, Geomantie, Agronomie und anderer Lebensbereiche, die allesamt nach den Regeln der Harmonie des Dao in einer wunderschönen philosophischen Sprache verfaßt wurden. Liu An wollte seinem Neffen, dem späteren kriegerischen Kaiser Wudi, den Daoismus als Wegleitung auf den Drachenthron mitgeben, dieser aber verfolgte eine zentralistische und kriegerische Expansionspolitik.

Möge die Vision des Daoisten Liu An wie ein Echo wiederertönen und zur Kultivierung der Drachenkraft, der Einheit des Kosmos, der Natur und der Menschheit erinnern.

Der Drache ist ein Relikt, das wir in alten Sagen und Märchen immer wieder antreffen. Bei uns im Westen erzählten uns unsere Mütter und Großmütter, wie Sigfried den Drachen suchte, nur derjenige die Hand der Prinzessin und somit das ganze Königreich erhielt, der den Drachen besiegte und wie der gute Ritter Georg den Drachen tötete und damit das Böse verbannte. Der Drache ist im Okzident damit zu einem Artefakt degradiert worden, wie etwa der urzeitliche Dinosaurier nicht vergessen werden kann, sondern im Gegenteil immer wieder den Stoff für Spielzeug und Geschichten liefert; Draco, ein Fabelwesen, das die Herrschaft des Menschen über die Natur gefährdete und das es auszurotten galt, um das Licht auf Erden zu verbreiten.

Jedoch, wenn wir in der Geschichte weit genug zurückgehen und uns die Erzählweise der Märchen und Legenden genauer anschauen, dann können wir feststellen, daß der Drache bei uns nicht immer das Böse repräsentierte, das es auszurotten galt. Ganz im Gegenteil können wir verfolgen, daß der Drache beispielsweise in den Gralslegenden noch die höchste Autorität auf Erden legitimierte, die Drachenehre des Kaisers, Arthus oder Pendragon.

Pendragon, der Gralskönig, der Britannien einte, war wahrscheinlich der letzte geschichtlich festgehaltene Repräsentant der universellen Kraft des Drachen im Westen. Es war die Zeit der Christianisierung Europas, wo die heidnischen Brauchtümer und Riten entweder von der Kirche übernommen und umbenannt wurden oder die Naturpriesterinnen und Naturpriester über die Jahrhunderte mehr und mehr im Hintergrund wirken mußten.

Die Drachenwürde der heidnischen Könige wurde durch die Sterne legitimiert, denn der Drache symbolisiert die universelle Potenz, die alle Wandlungen und die allumfassende Einheit des Kosmos hervorbringt.

Eines der im alten naturtümlichen Europa wichtigsten Sternzeichen scheint in dieser Hinsicht Ursa Major gewesen zu sein, denn der Große Bär galt als das Königstotem der Kelten und vieler anderer Urvölker Europas. Der Schwan scheint als das Sternbild der seelischen Heimat vieler keltischer Priester gegolten zu haben, der Schwan der im Ozean des Kosmos schwimmt und zwischen den Welten wandelt und auch die Sehnsucht des keltischen Volkes zur Anderswelt ausdrückt, friedlich und stolz, erhaben und aufrecht. Der Schwan wird auch häufig als das Tier der Fee verehrt, denn die Feen sollen sich häufig in Schwänen zeigen.

Der Drache als die universelle Potenz und Quintessenz, das Knochenmark der Mutation der Natur, wurde und wird in allen Naturreligionen als Wesen der höchsten Transformation verehrt. So vereint der Drache die Kräfte, Taktiken und Fähigkeiten aller Tiere, aller Winde, des Donners, Blitzes, aller Gewässer, Wolken, Berge, Blumen und Menschen, aller Sterne, Galaxien und deren Sonnen. Der Drache steht für das kreative und schöpferische Chaos der Natur, für ihre Einheit und ihren Wandel. Ein unendliches Refugium von Räumen und Zeiten, von Geburt und Tod, ein unermeßliches Kontinuum, das alle Zyklen und Azyklen, alle Erscheinungen und Dinge, aber, und dies ist wesentlich, auch alles Unsichtbare und Unnennbare, alles Stille und Leere – das, was vor Geburt, Wachstum, Zeit und Raum irgendwie ist oder nicht ist – vereint.

Wie gesagt, wurden die Könige der hochentwickelten Naturreligionen des Neolithikums bis zum Altertum durch spezifische Sternkonstellationen, die mit bestimmten Zeitqualitäten zyklisch auf den König oder die Königin passen mußten, legitimiert. Diese astro-geomantische, zyklische Legitimation des Herrschers sehen wir bei den Pharaonen, den Druiden, den alten Griechen, den Chinesen, den Schamanenköniginnen und Stammeshäuptlingen rund um den Globus. Denn die der Natur zugewandten Menschen kannten nichts Schöneres, als aus den Sternen zu lesen und deren Botschaften für das Wohlergehen ihrer Gemeinschaft zu interpretieren. Noch heute finden wir dieses Ur-Wissen der überlieferten Drachen-Ehre der Sterne manchmal im Sufismus, bei den ganz wenigen echten Druiden, im Daoismus, tibetischen Buddhismus, Hinduismus und wohl auch anderen selten altüberlieferten Naturreligionen. Nach diesem astro-geomantischen Wissen werden die Nachfolger einer Tradition nach aufwendigen Auswahlverfahren bestimmt. Die Wandlung des universellen Drachen geschieht in einer unvorstellbaren Einheit, einer Einheit, die uns alle und alles mit einschließt. Dieses Wissen, diese Erfahrung der Einheit aller Dinge und Wesen, der Menschen untereinander und des Menschen als grundsätzlich eins mit dem Kosmos, war und ist machtpolitischen Interessen ein Dorn im Auge. Wo Einheit ist, kann keine Macht ausgeübt werden. Naturreligiöse Völker waren meistens selbstbestimmt, doch untereinander eng vernetzt. Die keltischen Völker sprachen verschiedene Sprachen und waren vollkommen autark, und doch folgten sie dem gleichen Ruf der Natur, die Priesterschaften der Druiden vermittelten bei Streit und wahrten das Gleichgewicht zwischen Himmel, Erde und den Menschen. So verhielt es sich ebenfalls etwa bei den frühen Daoisten und deren Vorläufern. Die Himmelsmeister-Daoisten (Tianshi) im alten China waren und sind heute im Untergrund immer noch die örtlichen Verantwortlichen für das Gleichgewicht der Dörfer und Städte und für den Ahnenfrieden und ernsthaft bemüht um das Gleichgewicht der Naturkräfte. Sie vermittelten auch zwischen den Hunderten Ethnien und Kulten im alten China und sorgten nach dem Prinzip der universellen Einheit der Drachenkraft, des kosmischen Atems, für die Balance des Landes.

Da mein Herz sowohl im Daoismus als auch im Druidentum schlägt, wird im folgenden öfter die Brücke geschlagen zwischen diesen beiden triadischen Naturreligionen, denn die Gemeinsamkeiten sind unübersehbar. Wenn wir davon ausgehen, wie moderne Forschungen uns berichten, daß das protokeltische Volk der Trochaer schon einige Hundert Jahre v. u. Z. über die Seidenstraße in Kontakt mit dem alten China stand und der Handel auch die spirituellen Lehren einander befruchtete, können diese Spuren der Geschichte durchaus auf rege kultische und kulturelle Befruchtungen deuten.

Den Sternen sei Dank, wurde der Drache nicht überall als besiegter Wurm dargestellt, wie wir ihn auf den kirchlichen Insignien von Georg bezwungen betrauern, sondern besonders in der zeitlosen Kultur Chinas ist der Atem des Drachen allgegenwärtig zu spüren. Die Menschen sind sich dessen nicht bewußt, denn sie wachsen im Selbstverständnis der Einheit und Wandlung des Drachens auf. Drachentänze werden in China bei kulturellen Veranstaltungen wieder gängig aufgeführt, um offizielle Gebäude oder Großanlässe einzuweihen, die Menschen regeln ihren Jahresablauf nach dem Mondkalender, und insbesondere in Südchina werden Geschäfte und die Architektur nach den Drachenkräften choreographiert.

Im daoistischen *zangshu* heißt es dazu:

> Im Klassiker heißt es: Wo Kräfte sich vermindern und sich charakteristische Merkmale weit hinaufschwingen, mit einem Strom vorne und einem Hügel oder Berg hinten, hier verbirgt sich der Kopf des Drachens. Die Schnauze und die Stirn liegen günstig – die Hörner und die Augen verhängnisvoll. Die Ohren zeugen Prinze und Könige – die Lippen führen zu Tod oder Verletzungen durch Waffen. Wo auf einer Fläche die Winde sich in der Mitte sammeln, diese Stelle wird der Bauch des Drachen genannt. Wo der Nabel tief und windig ist, wird Nachkommen Glück widerfahren. Wenn die Brust und die Rippen Verletzungen aufweisen, wird ein Begräbnis am Morgen Schluchzen am Abend auslösen.

In den alten Überlieferungen des Daoismus aber auch vieler anderer Naturreligionen finden wir klare Methoden, wie die Seele der Natur zu lesen und zu deuten ist. Die universelle Einheit des Drachen bezieht sich auf die Unendlichkeit des Sternenhimmels ebenso wie auf eine Fläche eines Landes, eines Feldes, eines Körperteils oder eines Augenblicks. Das Lesen der Natur setzt von uns Menschen voraus, daß wir uns von der Natur lesen lassen: Schaue ich in den

Himmel, schaut der Himmel in mich – schaue ich in mich, schaue ich in den Himmel.

Dieses Erfahrungswissen wurde nicht nur zur Einbettung des eigenen Lebens in den natürlichen Wandel der Gezeiten und Kräfte verwendet, sondern insbesondere auch, um die Ahnenlinie der Sippe zu sichern. Feng Shui oder Wind-und-Wasser wurde in erster Linie von den Daoisten methodisiert, um die Gräber der Verstorbenen richtig angeordnet dem kosmischen Kreislauf einzufügen und um den Verstorbenen damit am richtigen Ort zum richtigen Zeitpunkt mit Begräbnisriten ins Jenseits zu geleiten und so der Nachkommenschaft die bestmöglichen Voraussetzungen für ein gesundes und langes Leben zu sichern. In der alten Welt galt das höchste Lebensprinzip der Erhaltung der Ahnenlinie und des Ahnenfriedens. Deswegen finden wir in allen Kulturen Spuren von komplexen Beerdigungsriten, wir finden Pyramidengräber, keltische Erdhügel, die viele Meter in den Boden reichen, hinduistische Beerdigungsriten auf dem Ganges und so weiter. Viele Legenden berichten davon, wie ein Naturpriester einem ehrlichen, unbescholtenen Mann voraussagt, er solle seinen verstorbenen Vater genau an der Stelle zu diesem Zeitpunkt bestatten, dann werde sein Nachkomme ein wichtiger König des Landes werden, der zu Harmonie und Wohlstand im Volke führe. Einige der wichtigsten Herrscher des altertümlichen China gehen auf solche Legenden zurück, und ich entsinne mich, auch schon solche Legenden von westlichen Drachenkönige vernommen zu haben.

Wir nähern uns dem Wesen des Drachens immer mehr, wenn wir akzeptieren, daß wir Menschen nur einen ganz kleinen Teil dieser universellen Einheit ausmachen, wo unzählige Räume und Wesen neben uns existieren. Wenn wir jedoch erkennen, daß der Drache formlose Form verkörpert, körperloser Körper, daß er oder vor allen Dingen sie Zeit und Raum laufend verdaut und neu ordnet; wenn wir uns damit abfinden können, daß wir als integraler Bestandteil einer unermeßlichen Einheit, die sich laufend wandelt, die Wandlung mitverkörpern, dann werden wir immer mehr zu reiner und ungefilterter Natur, werden wir zu dem, was uns als Menschen konstituiert, das was wir sind und was uns lebt. Die machpolitischen Strukturen von Kulten, die die Menschlichkeit und Natürlichkeit immer wieder auf die Probe stellen, machen es jedoch auch heute nicht immer leicht, uns mit dem Universum als Einheit zu fühlen. Oft werden wir durch die erzieherischen Methoden der Kulte der Macht geteilt, so daß wir durch gesellschaftliche Normen unbewußt dazu aufgefordert werden, unsere natürlichen existentiellen Quellen, unsere Mütter, unsere Erde, die universelle Einheit und damit die Einheit der Natur und der Menschen zu leugnen. Dafür verheißt man uns materielle Befriedigung und Wohlstand. Um so mehr sind wir als Kinder des Universums durch die Natur und deren Botschafter aufgefordert, den Weg wieder zurück in die Einheit zu gehen und das Chaos des Drachen, das universelle schöpferische Chaos, das alles aus nichts und nichts aus allem hervorbringt, nicht mehr zu fürchten, sondern in ihm die göttliche Ordnung zu erfahren, die in unerklärbarer Resonanz schwingt.

Vom Konzept der Einheit des Drachen leiten sich die Wissenschaften wie die hochentwickelte Landwirtschaft mit komplizierten Bewässerungssystemen, die physikalischen Resonanzräume und der Magnetismus wie auch die Astronomie, die Astro-Geomantie und die Medizinsysteme vieler Kulturen ab, die sich alle überschneiden, denn sie wachsen nach dem gleichen zyklischen Schöpfungsprinzip des immerwährenden kreisenden Wandels.

Wenn wir in der inneren Struktur von Formbildungen und deren Veränderungen nachforschen, können wir wiederum erstaunliche Gemeinsamkeiten in den Wissenschaften verschiedener Urvölker feststellen. Die Kelten konstituierten ihr Weltbild immer nach der Triade. Vergangenheit, Gegenwart und Zukunft, Himmel, Erde und Mensch, Vater, Mutter und Kind, diese offensichtliche Triade der Schöpfung zieht sich durch protokeltische Räume, durch Mythen und Sagen bis in die Ornamentik der frühen Kirchen mit dem Triskel. Dasselbe Konzept der Triade finden wir im Daoismus, wenn es heißt: Aus dem Ur-Chaos wächst die Einheit, aus der Einheit die polare Schwingung, aus der Polarität die Triade, aus der Triade wachsen alle Erscheinungen – die Zehntausend Dinge. Die Triade stellt aus dieser Perspektive die Wandlungspotenz dar, die alles zusammenhält. Denn es kann nicht nur Himmel und Erde, nicht nur Mann und Frau, nicht nur Hart und Weich, nicht nur Groß und Klein geben. Diese dualen Werte sind alle aus der Einheit gewachsen und in der Einheit verwandelt. Also ist es die Einheit, die Energie, die die Polarität erschafft und wandelt. Deswegen ist zur Polarität grundsätzlich die Wandlungspotenz der Einheit dazuzurechnen. Polarität ohne

Wandlung existiert nicht. Die Polarität ist eine Entscheidungsvariante der Einheit, eine Schattierungsvariante der Einheit. Ohne Kind keine Frau, ohne Frau kein Kind, jedoch braucht die Frau den Mann zum Kind und alle entstehen aus der Einheit des Kindes. Nur die Frau allein zeugt nicht, sie war und ist in ihrer verborgenen Einheit Kind, doch nur Kind geht nicht, es braucht die Mutter und den Vater. Aus dieser Perspektive erzeugt das Kind die Polarität der Eltern, denn die Einheit erzeugt die Polarität und nicht umgekehrt. So ist auch der Mensch eine Wandlungsenergie zwischen Himmel und Erde, der Baum eine Wandlungsenergie zwischen Himmel und Erde, das Wasser, die Wolke eine Wandlungsenergie zwischen Himmel und Erde; und auch Eis – Wasser – Dampf. Das Wasser versinnbildlicht die dynamische Drachenkraft zwischen Weich und Hart, Himmel und Erde.

Im ur-daoistischen wie im druidischen Ritus wird immer diese kosmologische Formel der Triade geehrt, wo aus dem Ur-Chaos, dem Ur-Ozean der Schöpfung – im keltischen *Lyr*, im chinesischen *hundun* genannt – die Einheit, die polare Schwingung, die Triade und daraus der Kosmos aller Erscheinungen entsteht. Dies die Formel des Wandels des Drachen, vor und zurück.

In der keltischen Überlieferung der Gespräche der zwei Weisen heißt es:

Ich bin der Sohn der Dichtung,
die Dichtung – Tochter der Überlegung,
die Überlegung – Tochter der Meditation,
die Meditation – Tochter der Wissenschaft,
die Wissenschaft – Tochter der Forschung,
die Forschung – Tochter der Großen Wissenschaft,
die Große Wissenschaft – Tochter der Großen Intelligenz,
die Große Intelligenz – Tochter der Fassungskraft,
die Fassungskraft – Tochter der Weisheit,
die Weisheit – Tochter der drei Götter der Dana

Die Weisheit als Quintessenz der drei Götter der Dana deutet auf den kosmologischen Charakter der Triade. Die drei Urwesenheiten des Kosmos, die Zeit, Raum und Materie konditionieren, werden als Weisheit des Priesters, des

Druiden dargestellt. Diese Weisheit ist es, die die Sicht der Einheit auf den Kosmos erlaubt. Diese Weisheit ist es, die alle Erscheinungen triadisch ordnet und damit in dem drakonischen Wandlungssinn kreativ erfaßt. Die proto-keltische Adlergöttin Dana, Mutter des ur-irischen Volkes der Thuata de Danan, hat eine altchinesische Schwester, Xiwangmu, die Königinmutter des Westens, Wächterin der Inseln der Unsterblichen und der göttlichen Pfirsiche, der Frucht der Unsterblichkeit, die dem keltischen Mythos der Apfelinseln mit dem Apfel als heilige Frucht entspricht. Diese symbolisch dargestellte Fruchtbarkeit ist zu verstehen als die Quintessenz der Wandlung in die pure Reinheit, die von den Naturpriesterschaften durch Fasten, Purifikationsriten und Kontemplation angestrebt wird, um zwischen der diesseitigen und der jenseitigen Welt, zwischen Himmel und Erde frei wandeln zu können. Ebenso wie Dana die drei Götterdruiden hervorbringt, geschieht in der Gebärmutter der Xiwangmu die Wandlung der Drei Reinen, der Triade des Daoismus. Diese reine Frucht können wir uns als eine universelle erotische Kraft oder eine universelle Sexualität vorstellen, die Energie von einer Ebene in die andere wachsen läßt, wie der Wind den Blütenstaub über viele Dutzende von Kilometern tragen kann und damit die »sexuelle« Frucht des Baumes oder der Pflanze an ganz anderer Stelle weiterleben läßt. Wir sprechen hier von einer Art zyklischer Sexualität des Universums, in der der Mensch jedoch nur einen verschwindend kleinen aber doch wichtigen Teil ausmacht. Die Priesterschaften der Naturreligionen und der altüberlieferten Ur-Brauchtümer ritualisierten diese universellen Potenzen in Fruchtbarkeitsriten, die den Menschen in seiner Existenz in die zyklische »Sexualität« des Universums und damit der Wandlungen der Erde nahtlos eingliedert. Diese Riten fallen auf die Wechselmomente in der Natur, wo die Sonne, der Mond oder andere Gestirne oder Gezeiten in einen neuen Wandlungsabschnitt wachsen.

Im Daoismus wird dazu eine Formel überliefert, die heißt: *san cai xiang dao*, was übersetzt etwa »gegenseitiges Bestehlen der drei Kräfte« bedeutet. Diese Weisheit meint nicht, daß die Erde den Himmel ausraubt wie ein Räuber, sondern daß die Erde aus dem Kosmos hervorgeht und spontan die Kräfte aus ihm zieht, die sie benötigt, ebenso wie des Menschen physischer Körper aus der Erde hervorgeht und sich spontan der Nahrung und Stoffe bedient, die er benötigt und die wiederum der Himmel vom Menschen »stiehlt«. So assimiliert er die Erfahrung des Menschen und aller Dinge in seinen Wandel. Es handelt sich dabei um einen triadischen Kreislauf, der an und für sich einfach zu verstehen ist, da er auf einer zyklischen Weltsicht beruht, die alle Dinge hervorbringt. Aus diesem triadischen Weltbild werden alle weiteren Konzepte der Wandlung im Universum abgeleitet, seien es die vier Jahreszeiten, die fünf Elementarwandlungen oder Phasen, die neun Himmel, zehn Erdstämme und zwölf Himmelszweige, dreizehn Mondphasen und so weiter. Dieses triadische Weltbild kann aber Entstehungen hervorbringen, die für den christlichen Westen eher ungewohnt sind, wie etwa der Mensch, der aus der Blume des Herzens wächst, oder wenn aus einer Wolke ein Fisch hervorgeht oder eine Schildkröte einen Stern gebären kann. Aus dieser Perspektive kann aus einem menschlichen Ahnengeschlecht ein Berg hervorgehen oder aus einem Menschen ein Vogel. In allen Naturreligionen werden diese Wandlungen der Natur, die auf die universelle Einheit des Drachen hinweisen, symbolisch nacherzählt, in Liedern gesungen oder in Riten getanzt.

Alle Dinge setzen sich so gesehen aus einer spezifischen codierten polaren Mischung von Yang-qi und Yin-qi zusammen, die sich in fortlaufender Wandlung befinden. Wir können uns diesen Prozeß als eine Art Recycling-Zyklus vorstellen, wo sich die Mischung der hellen und der dunklen Teile zyklisch verändert, was zu dem beliebten Spruch daoistischer Priester führt: Menschen sterben nicht, weil sie alt oder krank sind, sondern weil sie geboren sind. Die Priesterin und der Priester orientiert sich in diesem Sinne an der Geburt jedes Augenblicks. So kann man sich entscheiden für die fortlaufende Geburt des Lebens oder für den Kult der Anziehung des Todes. Der Drache selbst und der kosmische Atem, das Qi, das er repräsentiert, wandelt unabhängig von Zeit und Raum, da er sich laufend neu hervorbringt. So kann uns der Drache lehren, immer mehr die Einheit der Wandlung zu verkörpern. Der Körper des Menschen ist ebenfalls aus Qi-Vibration-Atem der Erde und aus Atem-Qi-Vibration des Kosmos in einer enorm ausgeklügelten Mischung zusammengesetzt. Da der Mensch dazu neigt, das Leben auszukosten, verliert er zunehmends seine transzendentale Drachenkraft des kosmischen Atems der Einheit, die wir als Kind, wenn wir auf die Welt kommen, noch vollkommen in uns tragen. So können wir den Weg zurückgehen und formen den Leib als schwingenden Resonanzkörper, wohin die kosmischen Atemkräfte der Planeten wieder zurückkehren können und wo wir die Drachenkräfte in uns und um uns wieder wahrnehmen können. Einer der Schlüssel dazu ist der Atem, denn anfangs ist es nur die Nase und der Mund, der atmet. Tatsächlich hat der gesamte Körper die Anlage zu atmen. Jedes Organ, jede Pore, die Füße, jede Körperfaser hat die Anlage, den Nektar des Kosmos zu atmen und die Zyklen der Natur in uns sich verwirklichen zu lassen.

Dazu soll an dieser Stelle eine der ältesten überlieferten Schriften des alten China zur Rolle der Atemführung wiedergegeben werden. Es handelt sich um eine Inschrift in rituellen Jadegegenständen, so auf einem Jadetablett oder Jadeschwert, und wird auf etwa 400 v. u. Z. datiert.

Um den vitalen Atem zirkulieren zu lassen:
Schluck ihn und er wird sich sammeln.
Wenn er sich gesammelt, wird er sich ausdehnen.
Wenn er sich ausdehnt, wird er sinken.
Wenn er sinkt, wird er beständig.
Wenn er beständig ist, wird er fest.
Wenn er fest ist, wird er sprießen.
Wenn er sprießt, wird er wachsen.
Wenn er wächst, wird er zurückkehren.
Wenn er zurückkehrt, wird er zum Himmel.
Die Dynamik des Himmels ist das Aufsteigen (des Atems).
Die Dynamik der Erde ist das Sinken (des Atems).
Folge diesem und du wirst leben.
Mißachte es und du wirst sterben.

Der vitale Atem ist unsere Nabelschnur zur universellen Drachenkraft. Essen wir viel, atmen wir schwer, bewegen wir uns wenig, atmen wir oberflächlich, sind wir in tiefer Entspannung, verlangsamt und vertieft sich der Atem, sind wir nervös oder verwirrt, wird der Atem und damit das Herz und der ganze Organismus unruhig. Je tiefer und weiter der Atem, umso größer die Ausdehnung und

Verdichtung des kosmischen Drachenatems in unserem Wesen. Der immer tiefere Atem eint uns mit dem universellen Ozean. Der Atem ist unsere wichtigste Nahrung. Naturpriester entwickeln die Fähigkeit, Mond- und Sonnenlicht-Tau zu schlucken und sich davon zu ernähren. Der Atem und der Speichel binden diese kosmischen Atemkräfte und lassen unsere Organe leuchten wie die Planeten, aus denen der Atem aufgenommen wird. Im Daoismus sind diese Purifikationsriten heute immer noch geübte Praxis.

Je mehr wir in der universellen Wandlung aufgehen und unser Innenleben nicht nur nach gesellschaftlichen Normen, sondern nach den Zyklen der Natur ausrichten, um so mehr finden wir zurück in den Traum des Drachen, einen Traum, der Tag und Nacht, Richtig und Falsch, Leben und Sterben überwindet.

Dao und De

In der chinesischen Alltagssprache sagt man »*dele*« und meint »jetzt ist es erreicht, ist angekommen, oder – ist wirksam geworden«, oder man sagt »*dedaole*« und meint »jetzt ist die Vollendung wirksam, kurz gesagt: vollendet«. So spricht man häufig zu einem Kleinkind, wenn es eben eine neue Handlungsweise gemeistert hat. Aber auch in verschiedenen alltäglichen Situationen gebraucht das chinesische Volk diese Schlüsselbegriffe des Daoismus, ohne sich dessen bewußt zu sein.

Dao ist die Einheit aller Räume, Taten, Begriffe und Dinge, die seit dem chinesischen Altertum für die korrekte, dem universalen Weltenlauf entsprechende Handlungsweise des kultivierten Menschen steht. Für »Dao« existieren an die siebenundfünfzig übersetzbare Begriffe. Dao in der chinesischen Alltagssprache tut man, folgt ihm, kommt an und vervollkommnet sich oder etwas Entsprechendes. Daole bedeutet beispielsweise so viel wie angekommen. Dao ist eine Handlungsweise, aber nicht unbedingt eine menschliche Handlungsweise, sondern eher eine universelle Handlungsweise, die aus der Stille wächst, der Tiefe, der Weiblichkeit, der Ewigkeit, dem Nichts, der Quelle, dem Tal, der Mutter, dem unbehauenen Fels, der Schwäche, dem Nachgeben oder der Wurzel. Es ist eine Handlungsweise, die keine ist, denn sie geschieht natürlich aus sich heraus. Die Schamanenkönige der Steinzeit verwendeten auf ihren kleinen Orakelknochen schon Schriftzeichen, die als die Vorläufer der Weisheiten gelten, wie wir sie heute noch im Daodejing – der Schrift des Dao und seiner Methode, von Tugend oder Wirksamkeit – finden können.

De ist die individuelle Methode jedes Wesens, wie es seine Verbindung zum Dao – der kosmischen Einheit und Schöpfung – kultiviert und mit jedem Moment seiner Existenz sich seinem unendlichen Schoß wieder nähert. Dieses Prinzip des Lebenslaufes entspricht dem Weg des Wassers von der Quelle zum Ozean. Bei der Geburt aus dem Dao hervorgegangen, ist jedes Wesen in permanenter Einheit mit dem Dao und befindet sich im Prozeß, sich wieder in den

Urozean des Dao zurückzufinden. Jedes Wesen hat jedoch die Wahl, während seiner diesseitigen Existenz mit dem Dao, der permanenten Wandlung der Einheit, achtsam zu leben, oder das Leben so auszukosten, daß sich eine Aufsplitterung und ein Verschleiß des Lebenspotentials des eigenen Wesens ergibt, was gegen das Lebensprinzip und für die Anziehung des Sterbens wirkt.

Die Wurzeln der Religion des Dao haben sich sehr früh im chinesischen Altertum gebildet, die spezifischen Verkörperungen des Dao, seien es Urahnen der chinesischen Kultur wie Kaiser Yao, Shun, der Kaiser der Gelben Erde oder die Urahnin Nüwa, gelten alle als aus diesem zyklischen Prinzip der Wandlung entstandene Figuren, die zumeist spezifischen Mustern der Natur zugesprochen werden. Nach dieser urzeitlichen Überlieferung schickt die Schöpfung der Menschheit periodisch ihre Weisheit in Gestalt eines überragenden Weisen, der oder die das alte Wissen wieder verkünden, um die Menschen an ihre kosmischen Wurzeln zu erinnern und damit aus ihrer Zerrissenheit zu helfen, zurück zur Einheit.

Das Daodejing gilt als eine Sammlung der altertümlichen Weisheiten, die sich alle auf die Wandlungen der Einheit und ihre Wiederherstellung beziehen. Die geschilderte Verkörperung des alten Wissens wird hier in Form eines Talismanes als Buch dargestellt. Gelehrte, Künstler, Wissenschaftler, Herrscher, Menschen jeder Couleur, sie alle fanden und finden Lebensweisheiten in diesen Sammlungen, die sie in ihrer Kunst, ihrer Forschung, ihrer Staatenführung, der Familie oder im Beruf neu interpretieren und anwenden. Vielen unterdrückten Menschen half die Weisheit des Daodejing in großen Existenzkrisen, vielen politischen Widerstandsbewegungen im alten China, aber auch im Westen der jüngeren Vergangenheit.

Dieses Anwenden des Dao ist das De, so ist De die Methode des Dao. Das Daodejing selbst wird in ein erstes Buch, das Dao, und ein zweites Buch, das De, unterteilt. Es existieren jedoch auch Versionen, wo das De vorangestellt und das Dao als zweites Buch hintangestellt ist, diese Version wird Dedaojing genannt. Die Sammlungen von Weisheiten in diesem philosophischen Klassiker der Weltliteratur sind in dieser Form oder älteren Werken, wie dem *guanzi*, zum Hauptteil in der Zeit der Streitenden Reiche etwa 500 v. u. Z. zusammengetragen worden. Sie werden dem legendären Laozi zugeschrieben, der als ein Archivar des Staates Chu beschrieben wird, mit bürgerlichem Namen Li Er, der im Alter in den Westen zog und auf einer Grenzstation dem Paßbeamten die fünftausend Schriftzeichen hinterließ, die das Daodejing bilden. Viel eher jedoch ist diese Legende aus Herrschertraditionen des chinesischen Altertums hervorgegangen, denn nur die Archivare (wie Li Er selbst), Priester und Schamanenkönige beherrschten die Schrift. Die frühesten Versionen des Daodejing sind auf aneinandergebundene Bambusstreifen oder auf Seide geschrieben worden und wurden auch als Grabbeigaben mit talismanischer Schutzwirkung verwendet.

Laozi bedeutet »altes Kind« oder auch »kindlicher Alter«, wobei das Alter in China auf die Weisheit deutet. Im Namen Laozi selbst ist auch wieder diese Wandlung des Dao angedeutet, so wie im Alten immer wieder das Neue stattfindet und die Ahnen im Neugeborenen weiterleben und so Zeit und Raum überwunden wird in der ewigen Einheit des Dao. Wie oben erwähnt, bezieht sich Laozi, das alte Kind, auf das wiederkehrende Prinzip der irdischen Verkörperung des kosmischen Prinzips der Einheit, dem Urwissen der Ahnen vom Menschen und der Welt.

Das Daodejing ist die Grundlage der um 500 v. u. Z. entstandenen Religion des Dao, wie man sie als historisch festzustellende Organisation kennt. Damals nannte sie sich Huang-Lao, eine Art Verschmelzung der alten Kulte des Gelben Kaisers mit dem Laozi, deren Priester fangshi genannt wurden, heilkundige Archivare, die berühmt waren für ihre Visionen und den sogenannten »ekstatischen Flug«, wie er noch heute in den alten Formen des Daoismus praktiziert wird.

Die daoistische Religion wurde vollständig nach dem Daodejing konstituiert, sämtliche Regeln und Meditationen, Riten und Gebräuche aus dieser heiligen Schrift abgeleitet. Die Schamanenkönige und daoistischen Priester rezitierten das Daodejing »zum Frühstück«, gingen davon aus, daß die Rezitation dieser heiligen Schrift spezifische Atemmuster aktiviert, die einen in die Einheit mit dem Dao führten. Tatsächlich wird man, wenn man sich regelmäßig mit dem Daodejing auseinandersetzt, feststellen, daß man unmittelbar in eine veränderte Wahrnehmung gelangt, die Ruhe, Gelöstheit und Klarheit fördert.

Es sind Tausende von Kommentaren verschiedenster Färbungen innerhalb des Daoismus und seiner religiösen und rituellen Praktiken entstanden, jedoch auch wertvolle intellektuelle Interpretationen aus Gelehrtenkreisen.

In der Religion des Dao gehen wir davon aus, daß die einzelnen Schriftzeichen im Daodejing eine spezifische Schlüsselwirkung beinhalten, die unsere festgefahrenen Lebensmuster lösen können. Wer täglich mit dem Daodejing meditiert, wird dies auch in einer westlichen Übersetzung feststellen. Das Dao vermittelt uns durch die Sprache des Daodejing die Instrumente, zur Einfachheit zurückzufinden, die es uns erlaubt, unmittelbare Zusammenhänge in unserem Wesen mit den Wandlungen der uns umgebenden Natur zu erfahren. Denn Klein und Groß, Gut und Schlecht werden plötzlich unbedeutend. Wir können uns von moralischen Werterastern lösen und so in unserem Körper das Universum wiederfinden, durch das wir die Sterne in uns und um uns wiederentdecken; die Sterne, die wir als Kind noch natürlicherweise in uns trugen.

Die ursprüngliche Einheit des unbehauenen Klotzes, auf chinesisch *pu* genannt, ist der Chaosfelsen, die chaotische, dunkle Ursubstanz, aus der schöpferische Strukturen durch das Urwesen Pangu erschaffen werden. Unzählige Schöpfungsmythen finden symbolischen Anklang im Daodejing. So fordern uns die Priester des Dao darin auf, wieder in die Einheit des *pu* zu finden, ursprünglich, ungeschliffen, eins.

Die Weiblichkeit ist im Daoismus von ganz entscheidender Bedeutung, und es macht einen stolz, daß das Feminine im Daoismus immer eine vorrangige Bedeutung hatte.

Wir finden es im *xuan*, dem dunklen weiblichen Chaos, in der gebärenden Mutter und Quelle des Kosmos, wir finden es im Geist des Tales, der die Empfänglichkeit des *yang-qi*, der kosmischen Vitalität dargestellt, als Fluß im Tal und damit auch in der spirituellen Bildung des inneren Licht-Embryos.

Die entscheidende Rolle der Weiblichkeit ist in kurzen Worten einfach zu erklären. Wir können uns nicht in das Yang wandeln, wenn wir das Yin nicht schätzen. Das Yin ist der Körper, das Gefäß, das leer, dicht, geschmeidig, empfänglich und ganz sein muß, um die Essenz aufnehmen und sammeln und in die Yang-Energie des Himmels umwandeln zu können. Die Vorgehensweise, wie wir als Menschen in die Einheit des Kindes, des unbehauenen Klotzes, den Geist des Tales zurückfinden können, ist *wuwei* und *ziran*. *Wuwei* entspricht dem absichtslosen Fließenlassen wie Wasser, das wir meistens als »Nicht-Eingreifen« übersetzen. Spontaneität ist der westliche Begriff, der dem *wuwei* vielleicht am nächsten kommt. *Ziran* bedeutet wörtlich »aus-sich-selbst« und kommt der schlichten Natürlichkeit am nächsten.

In dem vorliegenden Buch hat der Autor ein Novum eingeführt, indem zwei verschiedene Übersetzungsversionen des Daodejing nebeneinander stehen. Wir gehen davon aus, daß man mehrere Versionen der chinesischen Klassiker verwenden sollte, um dem vielfältigen Sinngehalt der ursprünglichen Schriftzeichen durch verschiedene Interpretationsvarianten immer näher zu kommen. Wir verwenden hier eine eigene Version, die aus der daoistischen Erfahrung des Autors stammt und sich teilweise auch an eine hervorragende englische Übersetzung von D. C. Lau anlehnt. Daneben verwenden wir eine altdeutsche Übersetzung, die um die Jahrhundertwende ins 20. Jahrhundert von Alexander Ular verfaßt wurde. Wir finden in letzterer Version eine sprachgewaltige Deutung und auch christlich-patriarchale Wertemuster, wie sie uns heute teilweise eher fremd erscheinen, uns im Westen aufgewachsene Menschen aber doch immer noch unterschwellig prägen. Man bemerkt schnell, daß in diesem an die hundertjährigen Manuskript die Worte in ihrer Bedeutung und Verwendung im Vergleich mit der gegenwärtigen Sprachwahl teilweise beträchtliche Unterschiede aufweisen. Aber gerade hier sehen wir eine spannende Herausforderung, Schattierungen einer zumindest 2500-jährigen chinesischen Schrift in ihrer zeitlosen Poesie in zwei gänzlich verschiedenartig ausgearbeiteten Übersetzungen zu vergleichen.

Alexander Ular zeigt mit den Bemerkungen in seinem Nachwort, wie die damalige Sicht über die daoistische Religion von damals typischen missionarischen Vorurteilen geprägt ist, daß es sich beim Daoismus um bloße Zauberei handle. Tatsächlich haben jesuitische Priester nicht viele Jahre vor Ulars Wirken am chinesischen Kaiserhof das Wort Aberglaube in der chinesischen Sprache überhaupt erfunden (*mixing*). Daß die gesamte Konstituierung der chinesischen Kultur und Wissenschaft zu großen Teilen aus der daoistischen Religion hervorgegangen ist, kommt erst in moderneren Studien immer klarer ans Licht. Wir haben hier nun eine genaue Übersetzung in moderner Sprache und daneben eine hundertjährige Übersetzung, die nicht sehr genau, in ihrer sinngemäßen Sprachgewalt jedoch sehr poetisch und anregend ist. Wir denken, daß die Leserin und der Leser dadurch eine große Spannweite von Nuancen entdecken kann, die der kosmologischen Weisheit des Daodejing gerecht wird.

Das Daodejing

1

Das Dao, das wir beschreiben können,
ist nicht das beständige Dao.
Der Name, den wir nennen können,
ist nicht der wirkliche Namen.
Unnennbar – ist der Anfang
von Himmel und Erde.
Nennbar ist die Quelle,
Mutter der zehntausend Wesen.

Frei von Wünschen,
können wir ihre Geheimnisse erfahren.
Durch das Wünschen,
können wir ihre Auswirkungen erkennen.
Die Quelle ist dieselbe,
die Namen sind verschiedene.
Ihre Einheit ist das Mysterium –
Portal unendlicher Geheimnisse.

Der erste Spruch

Die Bahn der Bahnen ist nicht die Alltagsbahn;
der Name der Namen ist nicht der Alltagsname.
Unnambarkeit ist Wesen des Allüberall;
Nambarkeit ist Werden des Einzelnen.
    Jedoch: klar siehet, wer von ferne sieht,
        Und nebelhaft, wer Anteil nimmt.
Diese Grundwesenheit, zwiefältig, ist Eins
    In der Erscheinung nur, zwiefacher Gegensatz.
So ist das Unergründliche,
    das unergründliche Gründliche,
    das Tor zum letzten Geheimnis.

2

Unter dem Himmel,
wird das Schöne als schön gepriesen,
ist es nicht schön.
Wird das Gute als gut gepriesen,
ist es nicht gut.
Etwas und Nichts erschaffen einander,
Schwer und Leicht ergänzen einander,
Lang und Kurz bedingen einander,
Hoch und Tief ziehen sich an,
Gedanken und Stimme harmonisieren einander,
Vorher und Nachher folgen einander.

Aus diesem Grunde zieht es der Weise vor,
spontan und ohne Absicht zu handeln,
schweigend zu lehren.

Aus Dao wachsen zehntausend Wesen und Dinge,
doch es fragt nicht nach Besitz;
es haucht allem Leben ein,
ohne auf Dank zu warten;
es vervollkommnet,
ohne Verdienst zu erwarten,
da es keinen Verdienst erwartet,
kann kein Verdienst es betreffen.

Der zweite Spruch

Menschliches Urteilen vom Schönen schied Häßlich von Schön;
Menschliches Urteilen vom Guten schied Schlecht von Gut.
  Sein und Nicht-Sein ist Wesen zerschieden;
  Möglich und Unmöglich ist Sinnenwelt zerschieden;
  Groß und Klein ist Räumlichkeit zerschieden;
  Hoch und Niedrig ist Ordnung zerschieden;
  Ton und Klang ist Laut zerschieden:
  Vor und Nach ist Stätigkeit zerschieden.
All-so:
  Der Vollendete lebt ohne Zweck,
    lenkt ohne Wort,
    handelt ohne Antrieb,
    schafft ohne Gegenstand,
    erdenkt ohne Ziel,
    wirkt ohne wirkend zu sein.
Grundsätzlich:
  Das Ungewußte ist quellende Kraft

3

Berühmte Menschen nicht verherrlichen,
beugt Streitereien im Volke vor;
wertvolle Gegenstände nicht überbewerten,
beugt Diebstählen vor;
meidet man das Zurschaustellen von seltenen Dingen,
bleiben Herzen und Geist der Menschen ruhig;
so lenkt der Weise das Volk,
indem er den Menschen das Herz leert,
und den Bauch füllt;
er mindert den Willen,
und stärkt die Knochen;
er hält das Volk frei von Wissen
und von Wünschen,
gibt acht, daß Neunmalkluge
sich nicht aufzuspielen wagen.
Handle im spontanen Nicht-Eingreifen,
dann erhält sich die Ordnung von selbst.

Der dritte Spruch

Das Übermaß an Einwirkung ist Quelle der Kampflust;
Die Überschätzung des Seltenen ist Quelle der Sündlust;
Der Überstolz aus Aufwand ist Quelle der Neidlust.
All-so:
    Der Vollendete waltet frei von Vor-Liebe,
        fern von Vor-Urteil,
        selten Sinn-schwankend,
        stark von Art.
    Er führt das Volk Wißens- und Wunsch-los,
    kirrt die Kenntnis-Betörten,
    meidet das Tun.
So schwinget, hindernislos, das Rad der Gemeinschaft.

4

Das Dao ist leer,
doch sein Wirken ist ohne Grenzen;
so tief, wie der Urahn der zehntausend Wesen und Dinge.
Stumpfe die Schärfe,
löse die Knoten,
schwäche den Glanz.
Blas den Staub fort und sieh die alten Wege.
Nur schwer zu erkennen, scheint es doch da.
Ich weiß nicht, wessen Sohn es ist.
Es zeigt den Ursprung des Himmels.

Der Vierte Spruch

Die Bahn ist Wesens-los, doch wirkt sie unerschöpflich;
Unergründlich, schafft sie das Wesensfleichmaß der Dinge.
    Sie stumpft das Scharfe,
    klärt das Wirre,
    sänftigt das Blendende,
    klärt den Stoff.
Unverlöschliche Leuchte!
Wer könnte Schöpfer sein, wer Vater
Dieses Höchsten!

5

Himmel und Erde sind nicht abschätzend
und behandeln die Zehntausend Dingeund Wesen
wie Opferhunde aus Stroh.
Der Weise ist nicht abschätzend
und behandelt die Menschen wie Opferhunde aus Stroh.
Der Körper von Himmel und Erde –
wie ein Blasebalg: leer und ohne Erschöpfung.
Je mehr bewegt, um so mehr entsteht.
Viele Worte führen zu Sprachlosigkeit.
Besser ist das Nichts.

Der Fünfte Spruch

Das Allüberall kennt nicht das Lieben;
Es schreitet über das Einzelne fort als ein Mittel.
Der Vollendete kennt nicht das Lieben:
Er schreitet über die Einzelnen fort als über Mittel.
  Das All gleicht einem blasenden Balg,
    leer und unerschöpflich,
    bewegt, unaufhörlich schaffend.
Der Mensch
  unerschöpflich an Worten,
  büßt nichts vom Selbst ein.

6

Das Tal, seine Seele ist unsterblich.
Es ist das Mysterium des Weiblichen.
Das Tor des weiblichen Mysteriums.
Ist die Wurzel von Himmel und Erde.
Schwer zu erfassen, scheint es doch da.
Doch kann seine Nutzung es nie austrocknen.

Der Sechste Spruch

Die lebende Kraft des Werdens ist unvergänglich,
Sie ist die unfaßbare Mutter.
Die unfaßbare Mutter ist Wurzel des All,
Stätig webend bedarf sie nicht des Antriebs.

7

Himmel und Erde sind ewig.
Sie sind ewig, weil sie es nicht für sich tun.
So sind sie langlebig.
Der Weise nimmt sich zurück
und ist auch voraus,
ist bescheiden mit sich
und erhält sich so ganz.
Weil er sich vergißt,
findet er sich.

Der Siebente Spruch

Unvergänglich ist das Allüberall;
Unvergänglich ist es, denn es ist nicht als Einzelnes:
Hier liegt die Bedingung zur Unvergänglichkeit.
All-so:
  Der Vollendete, entschwindend, offenbart sich,
    ist verschwendend, erwirbt endloses Sein,
    selbstverloren, einzigt sich.

8

Das höchste Gut ist wie Wasser.
Da es alle Zehntausend Dinge und Wesen
unterstützt ohne Widerspruch und selbst
dahin strömt, wo niemand sich aufhalten mag
ist es nahe dem Dao.
Der Ort ist wichtig für das Zuhause;
beim Geist die Tiefe;
im Umgang mit der Umwelt die Güte;
beim Reden ist es die ehrliche Überzeugung;
in der Regierung die gerechte Ordnung;
bei Geschäften die Fähigkeit;
in der Handlung ist die treffende Zeit, die maßgebend ist.
Ohne Widerspruch oder Streit kein Fehler.

Der Achte Spruch

Das Rechte-Leben gleicht dem Wasser, als welches,
zu allem passend, sich allem anpaßt;
Je ferner es führt dem Alltäglichen,
desto näher verläuft es der Bahn.
All-so:
Es ist im Daseinsgebiete Irdischkeit,
im Seelengebiete Tiefe,
im Gefühlsgebiete Liebe,
im Denkgebiete Redlichkeit,
im Zweckgebiete Entwicklung,
im Tätigkeitsgebiete Kraft,
im Tatgebiete Tunlichkeit.
Grundsätzlich:
Anpassung tilgt Leiden

9

Anstatt das Glas aufrecht bis an den Rand zu füllen,
hört man beizeiten damit auf.
Schleif die Klinge über den Moment hinaus,
und die Schärfe kann nicht ewig währen.
Jade und Gold in Haufen,
kann niemand behalten.
Übertreibt wer reich und berühmt,
zieht Unglück auf sich.
Sich zurückziehen, wenn die Sache erledigt ist,
entspricht dem Dao des Himmels.

Der Neunte Spruch

Man kann nicht halten und einfüllen zugleich;
Man kann nicht schärfen und tasten zugleich;
Man kann nicht haben und wahren zugleich.
    Eigensucht, zügellos, zeugt Sünde.
    In Nichtigkeit lebend wirken, vollenden:
Das ist die Bahn.

10

Wenn du in deinem Haupt deinen verwirrten
Erdengeist trägst, kannst du in deinen Armen
die Einheit umfangen und daran festhalten?
Wenn du deinen Atem sammelst, kannst du
weich und zart werden wie ein Säugling?
Kannst du den geheimnisvollen Spiegel in dir
klären und die Klarheit erhalten?
Kannst du die Menschen lieben und das Reich
verwalten ohne einzugreifen?
Wenn die Tore des Himmels sich öffnen und schließen,
kannst du in einer weiblichen Rolle bleiben?
Wenn deine Wahrnehmung alle vier Ecken durchdringt,
bist du dann immer noch fähig, nichts zu wissen?
Es gibt den zehntausend Dingen und Wesen Leben und hegt sie.
Es gibt ihnen Leben, doch will sie nicht besitzen.
Es pflegt sie, ohne Dankbarkeit zu erwarten.
Es ordnet, ohne Macht auszuüben.
Es nennt sich die geheimnisvolle Wirksamkeit.

Der Zehnte Spruch

Herrschaft der Seele über den Sinn, das ist ihr stätes
  zusammengehn, führt sie zur Einerleiheit;
Selbsterziehung, das ist Streben nach Anpaßung,
  führt zu Einfaltigkeit;
Reinigung, das ist Urteilserweiterung,
  führt zu Vorzüglichkeit;
Wechselseitigkeitsgefühl, als Grund der Gemeinschaft,
  führt sie zu Selbstordnung;
Schicksalswechsel
  führt zu Empfänglichkeit;
Echte Einsicht
  führt zu Wißens Unnützlichkeit.
Fördrer der Entwicklung sein:
  schaffen und nichtbesitzen,
  wirken und nicht gewinnen,
  überwachsen und nicht überwältigen:
Das ist die Bahn.

11

Dreißig Speichen einen sich in der Nabe.
Das Nichts in der Mitte,
bewirkt des Wagens Anwendung.
Formst du ein Gefäß aus Ton,
bewirkt das Nichts darin seine Eigenschaft.
Baust du Fenster und Türen in einen Raum,
bewirkt das Nichts darin die Wohnung.
Gewonnen wird Alles aus Nichts.

Der Elfte Spruch

Dreißig Speichen treffen die Nabe,
aber das Leere zwischen ihnen erwirkt
das Wesen des Rades;
Aus Ton entstehen Töpfe,
aber das Leere in ihnen erwirkt das Wesen des Topfes;
Mauern mit Fenstern und Türen bilden das Haus,
aber das Leere in ihnen erwirkt das Wesen des Hauses.
Grundsätzlich:
Das Stoffliche birgt Nutzbarkeit,
Das Unstoffliche wirkt Wesenheit.

12

Die fünf Farben machen des Menschen Auge blind;
die fünf Klänge machen seine Ohren taub;
die fünf Geschmäcker stumpfen seinen Gaumen ab;
galoppieren und Jagen überreizen seinen Geist;
rare Gegenstände behindern seinen Fortschritt.
Aus diesem Grund folgt der Weise
seinem Bauch,
nicht seinen Augen.
So läßt er das eine sein
und nimmt das andere.

Der Zwölfte Spruch

Zu starker Gesichtseindruck stumpft das Gesicht;
zu starker Gehörseindruck stumpft das Gehör;
Zu starker Geschmackseindruck stumpft den Geschmack;
Zu starke Spiellust stumpft das Erkennen;
Zu starke Begehrlichkeit stumpft das Vermögen.
All-so:
  Der Vollendete gewinnt dem Ich das Nicht-Ich,
    verliert nicht das Ich ans Nicht-Ich,
    meidet dieses,
    müht jenes.

13

Gunst und Schande sind erschreckende Dinge;
hoher Stand ist wie der eigene Körper
eine Quelle großer Schwierigkeiten.
Was bedeutet:
Gunst und Schande sind erschreckende Dinge?
Erwiesene Gunst ist ebenso erschreckend wie Mißgunst.
Dies ist gemeint, wenn es heißt:
Gunst und Schande sind erschreckende Dinge.
Was bedeutet:
Hoher Stand ist wie der eigene Körper
eine Quelle großer Schwierigkeiten?
Der Grund, daß ich große Schwierigkeiten habe,
ist mein Körper.
Wenn ich keinen Körper mehr habe,
welche Schwierigkeiten könnte ich haben?
Deshalb wird dem, der seinen Körper mehr wertschätzt
als die Verwaltung des Reiches,
Vertrauen zur Verwaltung des Reiches geschenkt.
Der seinen Körper mehr liebt als die Verwaltung des Reiches,
dem wird die Verwaltung des Reiches überlassen.

Der Dreizehnte Spruch

Gnade erniedrigt wie Schande;
Ehre beschwert wie der Leib.
Was sinnet:
        Gnade erniedrigt wie Schande?
    Gnade wird möglich durch Selbstunterordnung,
        wird erreicht durch Selbsterniedrigung,
        wird, eingebüßt, Schande.
Was sinnet:
        Ehre beschwert wie der Leib?
    Der Leib ist Träger aller Beschwerung,
    notwendiger Angriffspunkt der Schwere.
All-so:
Wer Abstand hält, wie vom Leibe, so von der Gemeinschaft,
        leitet sie richtig;
Wer Neigung löscht, wie zum Leibe, so zur Gemeinschaft,
        leitet sie gut.

14

Was nicht sichtbar ist, nennt man sich verflüchtigend.
Was nicht zu hören ist, nennt man sich verfeinernd.
Was nicht zu tasten ist, nennt man winzig.
Diese drei sind unergründlich,
so werden sie verwechselt und gelten als Eins.
Oben strahlt es nicht.
Unten ist es nicht dunkel.
Schwer zu erkennen, findet sich keine Bezeichnung.
Fließt zurück jenseits die Materie.
Wird Wesen jenseits der Wesen genannt,
ein Bild jenseits von Materie.
Wird undurchschaubar und verschleiert genannt.
Steh auf, doch das Gesicht ist nicht zu sehen.
Geh ihm nach, doch der Rücken ist nicht zu sehen.
Folge dem Dao des Altertums,
so bestreitest du den Raum im hier und jetzt.
Die Anlage, den Urbeginn des Altertums zu kennen,
wird der Faden, der sich durch den Weg zieht, genannt.

Der vierzehnte Spruch

Der Sinn sucht doch sieht nicht: das Nichtzerscheidbare;
Der Sinn horcht doch hört nicht: das Nichtempfindbare;
Der Sinn tastet doch trifft nicht: das Nichtgegenständliche.
Dies Drei von Un-Sinn ist, weil Un-Sinn, unzerscheidbar;
Das Sinnen faßt es also als Eins:
  Allumfaßend,
  Ewig unbestimmbar,
  Übergreifend ins Einzellose,
  Formlose Form,
  Erscheinungslose Erscheinung,
Unauseinanderfetzbar, Unzusammenfaßbar,
  Anfanglos, Endlos.
All-so: die Bahn nachzeichnen, einmal erkannt,
  heißt, sie planen einmal für alle;
Denn die Erkenntnis ihres Verlaufes ist möglich:
  Entwicklung aus sich.

15

Lehrer des Dao aus dem Altertum,
sensibel und geheimnisvoll durchschauend,
und zu tief, um darum zu wissen.
Da nicht darum zu wissen ist,
kann es nur umschrieben werden
zögernd und behutsam,
auslotend, wie im Winter einen Fluß überquerend,
einhaltend, als würden Nachbarn gefürchtet,
zurückhaltend, so wie ein Gast,
sich verflüchtigend, wie schmelzendes Eis,
ursprünglich, wie ein unbehauener Klotz,
offen und aufnahmefähig, wie ein Tal,
undurchschaubar, wie trübes Wasser.
Wer kann trüb sein und
langsam sinkend sich klären?
Wer kann ruhend das Leben bewegen?
Wer mit dem Dao geht,
sucht nicht die Fülle.
Da sie nicht voll ist, wird,
ist sie erschöpft, sich erneuern.

Der Fünfzehnte Spruch

Die Alten, Meister, konnten erschließen, erkennen, erfühlen;
Diese seelische Kraft blieb unbewußt;
Die Unbewußtheit der Wesenskraft gab ihrer Erscheinung Größe.
  Umsichtig wie wer im Winter über den Strom fetzt,
  Wachsam wie wer um sich Feinde fürchtet,
  Kalt wie der Fremdling,
  Weichend wie schmelzendes Eis,
  Rauh wie unbehauenes Holz,
  Weit wie das Talbecken,
  Undurchschaubar wie trübe Waßer.
Wer von den Jetzigen dürfte, durch seiner Klarheit Größe,
  Die innere Finsternis klären?
Wer von den Jetzigen dürfte, durch seines Lebens Größe,
  Den inneren Tod beleben?
In ihnen war die Bahn; sie wurden Einzeln und Selbstherr;
Und Vollkommenheit sahen sie in ihrem Mangel.

16

Ich tue mein Äußerstes,
um Leere zu erlangen.
Sinke in Stille.
Die Zehntausend Dinge und Wesen
gedeihen alle,
und ich sehe ihre Rückkehr.
Die Wesen gehen heim,
jedes zurück zu seinem Ursprung.
Zurück zur Wurzel bedeutet:
Stille.
In die Stille bedeutet:
Schicksal.
Schicksal bedeutet:
Ewigkeit.
Ewigkeit bedeutet:
Klarsicht.
Wehe, wer Willkür spricht,
im Angesicht der Ewigkeit.
Wer jedoch im Angesicht der Ewigkeit handelt,
handelt jenseits des Gegensätzlichen.
Diese Handlungsweise führt zur Königswürde.
Königswürde zum Himmel.
Himmel zum Dao.
Das Dao kennt kein Ende.
Am Ende eines Lebens trifft einen keine Gefahr.

Der Sechzehnte Spruch

Jenseits vom Einzelnen thronet das Unabänderlich-Stäte;
Im Leben des Einzelnen wechseln Ebbe und Flut;
Kreislauf!
Der Kreislauf ist das Unabänderlich-Stäte:
Das Stäte ist des Werdens ewiges Gleichmaß:
Des Werdens Gleichmaß ist des Lebens Wesen.
Kenntnis vom Wesen des Lebens ist ruhige Klarsicht;
Unkenntnis vom Wesen des Lebens ist wirre Trübsicht.
Kenntnis vom Wesen des Lebens zeugt Einzel-Sein:
Einzel-Sein zeugt Höher-Sein:
Höher-Sein zeugt Meister-Sein:
Meister-Sein zeugt Erhaben-Sein:
Erhaben-Sein lenkt in die Bahn:
Die Bahn ist das All-Überall,
Das Unabänderlich-Stäte.

17

Der fähigste aller Herrscher
ist kaum zu erkennen.
Danach folgt, den man liebt und rühmt.
Danach folgt, den man fürchtet.
Danach folgt, den man ignoriert.
Wo niemand mehr vertraut, ist keine Zuversicht.
Zögernd, wählt er die Worte nicht unüberlegt.
Nach Vollendung seiner Tat,
meint das Volk: Es ist einfach so passiert.

Der Siebzehnte Spruch

Die ersten Gemeinschaftsordner wurden geahnt;
Folgende wurden geliebt und gelobt;
Folgende wurden gefürchtet;
Folgende wurden verachtet:
Wechselseitigkeitsgefühl allein zeugt Gemeinschaft.
Jene, großmächtig wie ihre schwerwichtigen Worte, erfüllten ihr Werk:
Erglaubter Selbstordnung genoß die Gemeinschaft.

18

Wird das große Dao mißachtet,
folgen Wohltätigkeit und Gerechtigkeitssinn.
Wenn sich Gescheitheit zeigt,
folgt die große Heuchelei.
Wenn die sechs Verwandten uneinig sind,
folgt die Pflicht der Kindestreue.
Wenn der Staat sich verdüstert,
folgen integre Beamte.

Der Achtzehnte Spruch

Die Bahn ward verloren – Urteilsbedürfnis entstand;
Urteilsherrschaft ward geboren – Wirkensursprünglichkeit schwand.
Der Blutbande Ur-Eins zerriß – Verwandtschaftspflicht ward entfaltet;
Der Gemeinschaft Ur-Einheit zerspliß – Völkertum ward erspaltet.

19

Versuch nicht, ein kluger Weiser zu sein,
das wird den Menschen am meisten nützen.
Versuch nicht, wohlwollender Richter zu sein,
so erlangen Menschen ihre eigene Einsicht wieder.
Versuch nicht, ein gewinnsüchtiger Analyst zu sein,
so verflüchtigen sich Diebe und Banditen.
Diese drei falschen Schmuckutensilien sind ungenügend.
Die Menschen brauchen etwas,
woran sie sich halten können.
Zeige das Unverdorbene
und verkörpere die ursprüngliche Einheit –
den unbehauenen Klotz.
Schwäche deine Selbstbezogenheit und
zügele deine Wünsche.

Der Neunzehnte Spruch

Nichtachtung des Wißenßinns, Verachtung des Müßens:
Und Wohlgefühl wächst hundertfach in der Gemeinschaft;
Nichtachtung des Zwecksinns, Verachtung des Wollens:
Und Sündlustgefühl erstirbt in der Gemeinschaft.
Solch dreifacher Grundsatz ist nicht erfüllbar durch Anstrich;
Es bedarf des Gepräges:
Ursprünglich scheinen – Einzeln sein.
Unselbstzwecklich scheinen – Selbstlos sein.

20

Hör auf mit dem Auswendiglernen,
und Sorgen lösen sich.
Wie groß ist der Unterschied
zwischen Ja und Nein?
Wie groß ist die Entfernung
zwischen Gut und Böse?
Habe ich Furcht,
da andere fürchten?
Anschwellend ohne seine Grenzen zu finden.
Die meisten Menschen schwelgen im Vergnügen,
als nähmen sie teil an den Festen des Ochsenbratens,
oder im Frühling auf den Terrassen flanierten.
Ich alleine, passiv und ohne Zeichen,
wie ein neugeborenes Kind,
noch nicht fähig des Lachens,
habe kein Heim, wohin ich mich finden könnte.
Die Masse der Menschen hat mehr als sie braucht.
Ich alleine scheine besitzlos.
Mein Geist ist der eines Narren – inhaltslos.
Vulgäre Menschen sind so aufgeklärt.
Ich alleine bin verschlafen.
Vulgäre Menschen sind so gescheit.
Ich alleine bin verwirrt.
Treibend in der Ruhe des Meeres
wie ein endloser Wind.
Die Masse des Volkes hat eine Absicht.
Ich alleine bin dumm und ungebildet.
Ich alleine bin anders als die anderen –
ich gehe hervor, aus der Mutter, die mich hegt.

Der Zwanzigste Spruch

Verstand ist Vernichtung des Lebens.
Gegensatz im Entschluß – wie nichtig;
Gegensatz im Tun – wie mächtig!
Handeln wie allewelt! ... Verstandesgeborene Pflicht!
Nein! Sündlicher Irrsinn!
Allewelt wird leicht fortgeschwemmt von oberflächlicher Freude:
Ein Feiertag, eine Frühlingsnacht ...
Ich hingegen, tief ankernd am Grund des Gefühlßtroms,
bin heiter und still in der Freude gleich wie das Kind.
Ich lebe und webe ... fort und fort ...
Allewelt wünscht das Allzu;
Ich hingegen ersehne das Nichts,
Ich bin linkisch im Leben, entrate des Zwecksinns! ...
Allewelt weiß;
Ich hingegen habe wirre Gedanken! ...
Allewelt hat Gemeinschaftstrieb;
Ich hingegen liebe Einsame Höhe;
Ich walle wie die Woge, ruhelos wankend ...
Allewelt hat Erfahrung;
Ich hingegen bin einfältig, ein Tor! ...
Ich bin anders als allewelt:
Doch ich bin Ich!

21

In jeder seiner Handlungen strebt der Mensch
der Tugend nach dem Dao, und nur nach dem Dao.
Das Dao ist jenseits des Begreifens – unbeschreiblich.
Jenseits des Begreifens – unbeschreiblich,
und doch ist dort ein Bild;
jenseits des Begreifens – unbeschreiblich,
und doch ist dort ein Stoff;
mysteriös und dunkel,
ist in ihm doch ein Wesen.
Dieses Wesen ist wirklich,
und darin kann es erfahren werden.
Von der Gegenwart bis zum Altertum,
konnte es der Nennung entgehen.
Es dient dem Ordnen
über die Vorfahren der Vielzahl.
Woher ich weiß, daß sich
die Vorfahren der Vielzahl so verhalten?
Eben dadurch.

Der Einundzwanzigste Spruch

Das Rechte ist die Erscheinungsform der Bahn.
Das Können der Bahn ist unauseinanderfetzbar und
unzusammenfaßbar.
Unauseinanderfetzbar, Unzusammenfaßbar, enthält sie das
Denkliche ;
Unauseinanderfetzbar, Unzusammenfaßbar, enthält sie das
Dingliche;
Unauseinanderfetzbar, Unzusammenfaßbar, enthält sie das
Wesentliche,
Als welches ist das Letzte,
Als welches ist das Menschliche.
Nie vergeht Sie: Sie ist der Urgrund des Seins.
Wie wird mir solches Wissen? Ich bin.

22

Unterwerfen – sich bewahren.
Beugen – sich aufrichten.
Leer – damit füllen.
Abgetragen – sich erneuern.
Ein wenig – darauf empfangen.
Viel – sich verwirren.
Deshalb verkörpert der Weise
die Einheit und formt so das Reich.
Er stellt sich nicht in den Vordergrund,
und wird klar wahrgenommen;
er muß nicht recht haben,
und wird geehrt;
er gibt nicht an,
und erfährt Verdienst;
er ist nicht zu stolz,
und überdauert;
da er nicht streitet ist da niemand im Reich,
der mit ihm streiten könnte.
Was die alten Weisen uns überliefern,
sich durch Unterwerfung zu erhalten, ist kein leeres Gerede.
In der Tat bewahrt man sich so bis zum Schluß.

Der Zweiundzwanzigste Spruch

Stückwerk - ganz
Krummes - gerade
Leeres - voll
Gesammelt - gerät es
Zersplittert - mißrät es
All-so:
Der Vollendete ist Einzeln und wird Vorbild der Gemeinschaft;
unvorsichtig mit sich, steht er in Sicht;
unzufrieden mit sich, wird er ausgezeichnet;
verschlossen in sich, wird er Mittelpunkt;
ungefällig gegen sich, wird er groß;
wunschlos für sich, wird er unantastbar.
Der alte Spruch
  Stückwerk -- ganz
  Wäre er leer?
Ursprüngliches Willens Kraft weist seine Wahrheit.

23

Nicht viele Worte machen ist Natürlichkeit.
Ein Wirbelwind kann nicht den ganzen Morgen dauern,
und ein plötzlicher Regensturz nicht den ganzen Tag.
Wer bringt sie hervor?
Himmel und Erde.
Wenn Himmel und Erde nichts endgültiges wirken,
was der Mensch?
Also folge dem Dao.
Wer mit dem Dao geht, wird eins mit dem Dao.
Wer mit De geht, wird eins mit De.
Wer mit dem Verlust geht, wird eins mit Verlust.
Wer eins wird mit Dao, wird gerne aufgenommen im Dao.
Wer eins wird mit De, wird gerne aufgenommen im De.
Wer eins wird mit Verlust, wird gerne aufgenommen vom Verlust.
Wo zu wenig Vertrauen ist, fehlt das Vertrauen auf gutes Gelingen.

Der Dreiundzwanzigste Spruch

Gedanken, die sich ändern, sind wahr.
Die Windsbraut wütet nicht den ganzen Tag:
Das Wetter tobt nicht den ganzen Tag:
Wer zeugt sie: Das Weltenall.
Das Weltenall selbst ist in Umbildung:
Um wie viel mehr der Mensch!
All-so:
Nachahmung des Wirkens der Bahn,
um Anpassung an sie zu lernen;
Vorzeichnung des Rechten-Wegs,
um Anpassung an ihn zu lernen;
Hingabe an Zerfall,
um Anpassung an ihn zu lernen.
Anpassung an die Bahn,
um kraft der Bahn aufzugehn in die Bahn;
Anpassung an den Rechten-Weg,
um kraft des Rechten-Wegs einzugehn in den Rechten-Weg;
Anpassung an den Zerfall,
um kraft des Zerfalls zu vergehn im Zerfall.
Gleichgründiges nur tauscht Wechselwirkung.

24

Auf Zehenspitzen hat man keinen Stand.
Mit gespreizten Beinen kann man nicht gehen.
Wer sich aufbläst, wird nicht beachtet.
Wer sich selbst recht spricht, wird nicht geehrt.
Wer sich rühmt, wird keinen Verdienst ernten.
Wer prahlt, ist nicht beständig.
In Bezug auf das Dao sind diese Verhaltensweisen
gleichzusetzen mit Völlerei und ausuferndem Verhalten.
So verbleibt wer dem Dao folgt nicht bei diesen Dingen.

Der Vierundzwanzigste Spruch

Zehenstand ist kein Stehn:
Beinspreizen ist kein Gehen.
Wer sich ins Licht stellt, steht im Schatten;
Wer sich am Ziele glaubt, geht zurück;
Wer sich hervortut, ist untertan;
Wer sich hochhält, geht nieder.
Dies ist im Sinne der Bahn, seelische Unzucht;
Im Sinne des Zwecks, unnütz.
Wer in der Bahn wandelt, ist Diesem fern.

25

Da ist ein Wesen aus dem Chaos geformt.
Es ist vor Himmel und Erde.
Still und leer,
steht allein und unveränderlich,
kreisend – unerschöpflich.
Es könnte die Mutter der Welt sein.
Ich weiß seinen Namen nicht.
Also nenne ich es Dao,
mangels treffender Bezeichnung »groß«.
Wenn es groß ist, dann strömt es dahin,
weit weg strömt es und kehrt zurück.
Das Dao ist groß,
der Himmel ist groß,
die Erde ist groß,
und auch der Mensch ist groß.
Es wirken vier großartige Kräfte im Reich –
der Mensch ist eine.
Der Mensch formt sich aus der Erde,
die Erde aus dem Himmel,
der Himmel aus dem Dao,
Dao formt einfach so.

Der Fünfundzwanzigste Spruch

Es ist eine ordnende Urkraft
Alles Werdens Ursache,
Unabänderlich-stät, erscheinungslos,
Selbst sich Urgrund, ewig sich gleich,
Allgültiges Werdegangs Urtrieb,
Urform des Lebens.
Unbestimmbar, bestimmet der Mensch sie als Bahn.
Die Kraft ist Größe;
Die Größe ist Unmeßbares;
Das Unmeßbare ist Unendlich-Fernes;
Das Unendlich-Ferne ist Wiederkunft;
Gleich-so:
Die Bahn ist letzte Größe;
Der Himmel ist letzte Größe;
Die Erde ist letzte Größe;
Der Ordner ist letzte Größe;
So sind vier letzte Größen; eine davon ist der Ordner.
Der Mensch hat zum Grunde die Erde;
Die Erde hat zum Grunde den Himmel;
Der Himmel hat zum Grunde die Bahn;
Die Bahn ist sich selbst Urgrund.

26

Das Schwere ist die Wurzel des Leichten.
Die Stille ist die Dominanz der Unruhe.
Darum läßt die Ehrenperson ihr schwer beladenes
Gefährt nie aus ihrer Sicht.
Augenweiden zerstreuen nicht die ruhende Sicht.
Der Herrscher von zehntausend Streitwagen:
Wie könnte er sich selbst ins Licht stellen gegenüber
den Anliegen des Reiches?
Stellt er sich ins Licht, verliert er die Wurzel.
Ist er unruhig, verliert er die Dominanz.

Der Sechsundzwanzigste Spruch

Ernst ist tiefer als Lust;
Ruhe ist höher als Regung.
All-so:
Der Höhere Mensch, stäts tätig, wahrt stäts
Die Ruhe der Würde;
    in weltlicher Höhe, steht nur in sich;
    jenseits vom Außen.
Doch verflucht sei der Weltlich-Große,
    der oberflächlich dahinlebt,
Der durch das Vorbild der Lust,
    lockert das Band der Gemeinschaft!
Denn der Lust leicht fertiger Wahn, verblendend in
Ordnung Gewöhnte, zerstört die Ordnung.

27

Wer sich auskennt im Reisen, hinterläßt keine Spuren.
Wer sich auskennt im Reden, verspricht sich nicht.
Wer sich auskennt im Rechnen, verwendet keine Rechenstäbe.
Wer sich auskennt im Verschließen, braucht keine Schlösser,
und doch vermag niemand zu öffnen.
Wer sich auskennt im Verschnüren, verwendet keine Schnüre,
und doch vermag niemand die Verschnürung zu lösen.
Aus diesem Grunde kümmert sich die Herrscherin
um alle Menschen und läßt niemand aus.
Aus diesem Grunde kümmert sie sich um alle Dinge
und läßt keines aus.
Dies heißt: der Klarsicht folgen.
So ist der gute Mensch der Lehrer des Nicht-Guten,
der nicht-gute Mensch die Substanz, woraus der Gute schafft.
Den Lehrer nicht ehren –
die Substanz nicht lieben –
mag gescheit wirken, verbirgt aber Zerrissenheit.
Dies wird »das Wesentliche« und »das Geheimnis« genannt.

Der Siebenundzwanzigste Spruch

Guter Gänger stolpert nicht;
Guter Sprecher stottert nicht;
Guter Rechner zählt nicht,
Guter Schließer schlüsselt nicht,
Guter Knüpfer knüppert nicht.
All-so:
Der Vollendete weiß stets Rat;
braucht nie zu verweigern;
findet stäts Mittel;
braucht nie Ohnmacht zu bekennen.
Dies ist eine zwiefache Größe.
Es folgt:
Der Höhere Mensch ist Herr des niedrigeren;
Der niedrige Mensch ist Werkzeug des Höheren.
Ehrfurcht zum Herrn, Liebe zum Werkzeug:
Das ist trotz allen Stärken das Rückgrat gemeiner Ordnung:
Das ist offenbar und wesentlich.

28

Kenne die Männlichkeit,
doch erhalte die Weiblichkeit.
Und sei eine Zufluchtshöhle für das Reich.
Bist du eine Zufluchtshöhle für das Reich,
wird dich die nie versiegende Kraft nicht verlassen.
Und du wirst zurückfinden zu deinem inneren Kind.
Kenne das Strahlende,
doch erhalte das verborgen Dunkle.
Und sei ein Vorbild für das Reich.
Bist du ein Vorbild für das Reich,
wird dir die nie versiegende Kraft nicht mangeln
und du wirst in die Ewigkeit zurückfinden.
Kenne Ehre,
doch erhalte Schande
und sei ein Tal für das Reich.
Wenn du für das Reich ein Tal bist,
wird dir die nie versiegende Kraft genügen.
Und findest zurück zur ursprünglichen Einheit,
dem unbehauenen Klotz.
Wenn der unbehauene Klotz zersplittert,
entstehen aus ihm Gefäße.
Der Weise verwendet diese Gefäße –
wird Ordner der Beamten.
Es gilt: Der beste Schnitt trennt nicht ab.

Der Achtundzwanzigste Spruch

Stark sich fühlen, schwach sich zeigen:
  Das ist der Grund des Gemeinlebens;
Wer ihn besitzt, entgleist nie vom Rechten-Wege;
Er kehret zurück zum Triebeszustand de Kindlichkeit.
Klar sich fühlen, dunkel sich zeigen:
  Das ist das Wesen des Gemein-Lebens;
Wer es besitzt, irrt nie vom Rechten-Wege;
Er kehret zurück zum Wissenszustand der Allheit.
Groß sich fühlen, klein sich zeigen:
  Das ist das Werden des Gemein-Lebens;
Wer es besitzt, schreitet stäts fort im Rechten-Wege;
Er kehret zurück zum Fühlenszustand der Einfaltigkeit.
Einfaltigkeit ist Schleier der Vollendetheit;
Der Vollendete, so handelnd, wird Haupt,
Ordner, Mild und Stark.

29

Wer das ganze Reich an sich reißt,
beherrschen will nach seinem Gutdünken,
denke ich, wird keinen Atem dazu haben.
Das Reich ist ein heiliges Gefäß,
das nicht angefaßt werden darf.
Wer es kontrollieren will,
wird es statt dessen ruinieren.
Wer Hand daran legt, wird es verlieren.
Es verhält sich so:
Dinge gehen voran, andere folgen.
Der eine atmet leicht, der andere schwer.
Der eine ist stark, der andere schwach.
Der eine zerstört, der andere wird zerstört.
Aus diesem Grunde sieht sich der Weise vor,
vor Extremzuständen, Ausuferung und Überheblichkeit.

Der Neunundzwanzigste Spruch

Die Gemeinschaft lenken ist, Erfahrungs- gemäß, unmöglich;
Die Gemeinschaft ist Zusammenwirken von Kräften,
  als solche, Denkens gemäß, unlenkbar
    durch Einzelnes Kraft.
Sie ordnen ist sie aus der Ordnung bringen;
Sie festigen ist sie stören.
Denn das Tun des Einzelnen wechselt:
  Hier vorwärtsgehen, dort rückwärtsweichen;
  Hier Wärme zeigen, dort Kälte,
  Hier Kraft aufwenden, dort Schwäche weisen;
  Hier Regung wirken, dort Ruhe.
All-so:
  Der Vollendete meidet Machtluft;
    meidet Machtreiz;
    meidet Machtglanz.

30

Sollte die Situation eintreten, daß ein Berater
eines Führers ihm das Dao näherbringen will,
so ratet er ihm ab, durch Waffengewalt das Reich
einschüchtern zu wollen.
Dieses könnte auf ihn rückwirken.
Wo Truppen lagern, werden Dornen wachsen.
Auf den Fersen einer schlagkräftigen Armee
folgen schlechte Ernte ohne Unterlaß.
Ein Guter möchte seine Angelegenheit lösen,
ohne Einschüchterung zu veranlassen.
Er erwirkt eine Lösung, ohne anzugeben.
Er erwirkt eine Lösung, ohne sich über andere zu stellen.
Er erwirkt eine Lösung, wenn er nicht anders kann.
Er erwirkt eine Lösung, ohne durch Gewalt einzuschüchtern.
Wenn ein Wesen sich an der Gewalt orientiert,
verkehrt es sich gegen das Dao.
Was sich gegen den Fluß des Dao verkehrt,
nimmt ein frühes Ende.

Der Dreißigste Spruch

Der Bahn gemäß walten ist Walten ohne Gewalt;
Ausgleichende Rückwirkung richtet in der Gemeinschaft.
  Wo Krieg war wächst Dorn,
    Und erntlelos ist das Jahr.
Der Gute Ist und braucht nicht Gewalt;
  Ist und rüstet sich nicht mit Glanz;
  Ist und brüstet sich nicht mit Ruhm;
  Ist und stützt sich nicht auf Tat;
  Ist und gründet sich nicht auf Strenge;
  Ist und strebt nicht nach Macht.
Höhepunkt deutet Niedergang.
Außer der Bahn ist alles außer Bahn.

31

Waffen sind Instrumente schlechter Vorzeichen.
Viele Wesen hassen sie, und wer dem Dao folgt,
wird nicht auf ihre Anwendung pochen.
Die Edlen ziehen die linke Hand vor, wenn sie
Zuhause verweilen, und die Rechte, wenn sie
in den Krieg ziehen.
Waffen sind Instrumente schlechter Vorzeichen,
nicht die Instrumente der Edlen.
Verlangen es die Umstände, sie zu verwenden,
tue man dies am besten, ohne sich daran zu befriedigen.
Ein Sieg bringt keinen Ruhm,
den Sieg trotzdem zu verherrlichen,
bedeutet, das Töten von Menschen zu feiern.
Wer sich am Töten von Menschen befriedigt,
wird sein Dao im Reich nicht finden.
Bei freudigen Anlässen gebührt links,
bei Trauer steht man rechts.
Der Ort des Leutnant ist links,
der des Generals rechts.
Dies bedeutet, daß die Trauerriten begangen werden.
Wenn viele Menschen getötet worden sind,
so sollen sie weinend betrauert werden.
Ist ein Krieg gewonnen,
sollen die Trauerriten begangen werden.

Der Einunddreißigste Spruch

Gewalt ist nicht Werkzeug des Guten, sondern des Schlechten;
Kraft ist nicht Gewalt;
Der Weise ersehnet Größe.
Gewalt ist nicht Werkzeug des Guten;
        nicht Werkzeug des Weisen;
        nicht nicht bessernd: selbst friedstiftend zwingt sie;
        nicht schön: Schönheit ist Freude;
        nicht freudbringend, wenn nicht dem Zerstörungssinn.
Zerstörungssinn ist nicht im Menschlichen Zeichen von Kraft.
    Glück wohnt links,
    Unheil wohnt rechts;
    Die Truppe steht links,
    Der Führer steht rechts.
Kriegsbotschaft – Klagbotschaft;
Menschentod – Zärenquell.
Sieg durch Gewalt ist Leiden.

32

Das Dao ist ewig und trägt keinen Namen.
Obschon die ursprüngliche Einheit –
der unbehauene Klotz – unscheinbar ist,
würde niemand in der Welt es wagen,
ihn beherrschen zu wollen.
Würden Könige und Prinzen dazu in der Lage sein,
die ursprüngliche Einheit des unbehauenen Klotzes
zu verkörpern, würden die zehntausend Wesen
und Umstände sich aus sich selbst fügen.
Himmel und Erde werden verschmelzen,
und ein sanfter Regen wird fallen,
und die Menschen werden selbstordnend,
das Gleichgewicht entsteht aus sich selbst.
Erst durch seine Bearbeitung,
kommen Namen hervor.
Sobald da die Namen sind,
sollte man erkennen,
daß der Zeitpunkt des Aufhörens eingetreten.
Den Zeitpunkt des Aufhörens zu wissen,
kann Gefahr vermieden werden.
Das Dao ist für die Welt,
was Flüsse und das Meer
für die Bäche und Ströme.

Der Zweiunddreißigste Spruch

Die ewige Bahn ist jenseits vom Einzeln;
Einfach wie der letzte Stoffteil, umfaßt sie das All,
Sie ist der Ordner an sich.
Das Jenseits mischt sich dem Irdischen;
    so ist der Befruchtung Tau,
        den der Mensch nicht fasset:
    Der Einzelne kommt aus Zerscheidung,
        geht zu Ende;
    Endlichkeit zeugt Bewußtsein der Schranken;
    Schrankenbewußtsein wahrt vor Enteinzelung.
Die Bahn ist das Bett des langsamen Stromes der Welt,
    gleich wie das Tal in sich trägt Flüsse und Seen.

33

Wer andere erkennt, ist gescheit,
wer sich erkennt, hat Klarsicht.
Wer andere überwindet, hat Macht,
wer sich selbst überwindet, ist stark.
Wer zufrieden ist, ist reich,
Wer ausharrt, ist ein Mensch mit Prinzipien.
Wer seinen Standpunkt erhält, wird überdauern.
Wer sein langes Leben erhält, wird leben.

Der Dreiunddreißigste Spruch

Andre durchschauen ist Umsicht;
Sich selbst durchschauen ist Einsicht.
Andre lenken ist Können;
Selbst sich lenken ist Macht.
Beginnen können ist Stärke;
Vollenden können ist Kraft.
Nicht-Zerfall ist Ewigkeit,
Nicht-Nichtigkeit nach dem Tod ist Unsterblichkeit.

34

Das Dao ist weit, erreicht links und rechts.
Die zehntausend Wesen und Dinge entströmen ihm,
doch verlangt es keine Macht.
Es vollendet sein Wirken, doch fordert kein Verdienst.
Es fördert und leitet die zehntausend Wesen und Dinge,
will jedoch keine Autorität.
Unendlich frei von Wünschen, könnte man es klein nennen,
doch da es keine Autorität ausübt,
wenn die zehntausend Wesen und Dinge zu ihm streben,
könnte man es groß nennen.
Da es keine Größe benötigt,
ist seine Wirkung groß.

Der Vierunddreißigste Spruch

Oh Bahn! Unendlich! Allgegenwärtig!
Das All ist durch Dich, wird aus Dir, ruht in Dir!
Allmächtige Alltätigkeit!
Urmutter des All, doch nicht Herrin,
Ewig wesenlos, wie scheinest Du klein! ...
In Dir schließt sich der ewige Kreislauf der Dinge.
O Nicht-Herrin, wie scheinest Du groß ...
All-so:
  Der Vollendete ist nie Schöpfer der Größe;
    ist Zweck der Größe.

35

Umfasse das große Bild,
und das Reich strömt dir zu.
Es kommt zu dir ohne Verletzung,
ruht sich aus und fühlt sich wohl.
Musik und Essen reizen den Wandrer zur Rast.
Das Dao, das durch den Mund geht,
ist ohne Geschmack.
Es ist unsichtbar.
Es ist unhörbar.
Wenn es wirkt,
kann es sich nicht erschöpfen.

Der Fünfunddreißigste Spruch

Wer ihr großes Gleichnis fasset, irrt und irrt durch die Welt ...
Pflichtlos ...
Freiheit, Stille, Hoheit, Freude, Selbstherrlichkeit sind seine Speise ...
Wandernder Fremdling der schauet.
Die Bahn künden? Vermessener Unsinn!
Die Vielen blickten nach Ihr, und sähen Sie nicht;
Die Vielen horchten nach Ihr, und hörten Sie nicht;
Und sie lebten zugleich ohne Unterlaß von ihrem Leben ...

36

Willst du etwas verkleinern,
dehn es erst aus.
Willst du etwas schwächen,
stärk es erst.
Willst du etwas aufgeben,
bau es erst auf.
Willst du von etwas nehmen,
gib ihm zuerst.
Diese nennt man die feine Klarsicht:
Das Nachgeben und die Weichheit
wird das Harte und Starke überwinden.
Der Fisch darf die Tiefe nicht verlassen.
Die Techniken der Macht in einem Staate
dürfen nicht jedem gezeigt werden.

Der Sechsunddreißigste Spruch

Klein bedingt Groß;
Schwach bedingt Stark;
Niedergang bedingt Aufgang;
Leere bedingt Völle.
Hier liegt der Grundsatz des Denkens vom Jenseits:
Hart ist ein Grad von Weich;
Stark ist ein Grad von Schwach.
Doch wie der Fisch nicht lebt außer dem finsteren Abgrund,
All-so erstrebe niemals der Mensch
das Wissen der Menschen!

37

Das Dao ist spontan und unwillkürlich,
und doch bleibt nichts unerledigt.
Folgen Könige und Prinzen dem Dao,
wandeln sich die zehntausend Wesen und Dinge
aus sich selbst.
Haben sie sich gewandelt und Wünsche keimen auf,
halte ich sie mit der ursprünglichen Einheit des
namenlosen unbehauenen Klotzes unten.
Die ursprüngliche Einheit des unbehauenen Klotzes
bedeutet nichts als das Freisein von Wünschen.
Und stellt sich meine Begierde ein und in Stille bin ich,
wird das Reich aus sich selbst Frieden finden.

Der Siebenunddreißigste Spruch

Die Bahn, unabänderlich tatlos begreift alle Tat:
Vorbild des Ordners.
Alles mag wirren in Regung:
Ich bin unerschütterlich in meiner Einfalt Jenseits.
Denn Einzellose Einfaltigkeit, Allumfassend, ist Unregbarkeit.
Unregbar, unerschütterlich – all-so wird die Gemeinschaft frei.

Das andere Buch

38

Ein Mensch von hoher Wirksamkeit,
beachtet seine tugendhafte Wirksamkeit nicht,
und daher hat er diese Wirkung.
Ein Mensch bedeutungsloser Wirksamkeit,
kümmert sich dauernd wirksam zu sein,
aber er hat keine tugendhafte Wirksamkeit.
Der Mensch von hoher Wirksamkeit,
ist spontan und ohne Willkür,
doch wird alles erledigt.
Der Mensch bedeutungsloser Wirksamkeit,
will erreichen, aber vieles bleibt unerledigt.
Der gütigste der Menschen wirkt
ohne ersichtlichen Grund.
Der gerechteste Mensch wirkt,
aber mit Grund.
Der Mensch mit der Moral wirkt,
doch erhält er keine Antwort,
krempelt die Ärmel hoch
und will durch Gewalt Überzeugung schaffen.
Ward das Dao verloren, folgte die tugendhafte Wirksamkeit.
Ward die tugendhafte Wirksamkeit verloren, folgte die Güte.
Ward die Güte verloren, folgte die Gerechtigkeit.
Ward die Gerechtigkeit verloren, folgte die Moral.
Die Moral ist eine verwässerte Abwandlung
von Vertrauen und Treue.
Und sie ist der Beginn von Zerrissenheit.
So verweilt der Mensch von großem Geist
im Konzentrat, nicht in der Verwässerung –
in der Frucht und nicht in der Blume.
Er läßt das eine, und nimmt das andere.

Der Achtunddreißigste Spruch

Echt im Rechten-Weg zu sein ist Nicht-Wollen sein im Rechten-Weg:
so ist man im Rechten-Weg.
Fast im Rechten-Weg sein ist Nicht-Wollen irren vom Rechten-Weg:
so irrt man von seinem Rechten-Weg.
Echter Rechter-Weg ist Nicht-Gewollte Tat und Nicht-Wille zur Tat;
Fast Rechter-Weg ist Gewollte Tat und Wille zur Tat;
Sittlichkeit ist Gewollte Tat und Nicht-Wille zur Tat;
Recht ist Gewollte Tat und Vollendung der Tat;
Sitte ist Gewollte Tat und Zwangswechselvollendung der Tat.
All-so:
Die Bahn verloren, es bleibt der Rechte-Weg;
Der Rechte-Weg verloren, es bleibt die Sittlichkeit;
Die Sittlichkeit verloren, es bleibt das Recht,
Das Recht verloren, es bleibt die Sitte;
Die Sitte ist nur Schein des Sittlichen und Zeichen von Zerfall;
Die Bildung jedoch, obwohl auch Bild der Bahn, ist Mittel zum Zerfall.
All-so:
Der Vollendete hält sich ans An-sich, läßt vom Schein;
hält sich an die Quelle, läßt vom Strahl;
meidet dieses, müht jenes.

39

Vor langer Zeit gelangten all diese in die Obhut der Einheit:
Durch die Wirksamkeit der Einheit ist der Himmel klar.
Durch die Wirksamkeit der Einheit ist die Erde gefestigt.
Durch die Wirksamkeit der Einheit entfalten die Götter Kräfte.
Durch die Wirksamkeit der Einheit ist das Tal gefüllt.
Durch die Wirksamkeit der Einheit werden Fürsten und Prinzen
Führer im Reich.
Die Einheit wirkt all dies wie es sich gestaltet.
Ohne, was den Himmel klärt, könnte er aufbrechen.
Ohne, was die Erde festigt, könnte sie sinken.
Ohne, was das Tal auffüllt, könnte es austrocknen.
Ohne, was die Zehntausend Dingeund Wesen
lebendig erhält, könnten sie vergehen.
Ohne, was die Fürsten und Prinzen zu Führern reifen läßt,
könnten sie stürzen.
Denn das Vorzügliche benötigt das Geringere zur Wurzel.
So ist es wohl, daß Fürsten und Prinzen sich als vereinsamt,
haltlos und unglücklich bezeichnen.
Solcherlei nimmt sich das Geringere als Wurzel, nicht?
Dementsprechend ist höchstes Ansehen ohne Ansehen.
Man wünscht nicht zu sein wie Jade - wie andere,
noch so abseits wie ein Stein.

Der Neununddreißigste Spruch

Sein ist Teilhaben an dem All-Einen.
Das All, als solches, hat Ordnung;
Die Erde, als solche, hat Feste;
Die Seele, als solche, hat Bewußtsein;
Das Hohle, als solches, hat Inhalt;
Das Wesen, als solches, hat Leben;
Der Ordner, als solcher, wahrt Selbstordnung der Gemeinschaft:
Alles ist wie es ist druch das All-Eine.
Ohne Ordnung zerstöbe das All;
Ohne Feste zerfiele die Erde;
Ohne Bewußtsein zerschwände die Seele;
Ohne Inhalt zerspränge das Hohle;
Ohne Leben zerginge das Wesen;
Ohne Selbstordnungs-Wahrung wäre Störer der Ordner;
Denn der Erhabene stammt aus der Maße der Niedrigen;
  Hoch steht auf Tief.
All-so: Der Ordner hält sich als Null,
    Nichtsbedeutend, Nichtswollend,
    Geboren aus dem Zu-Ordnenden.
Die Summe der Teile ist nicht das Ganze:
Zernichte Ursprünglichen Willens Kraft,
  und nicht wird erstehen Edelsteins klare geregelte Form,
  doch unförmlicher Kiesel.

40

Umgekehrt bewegt sich das Dao.
Durch Schwäche wirkt das Dao.
Die zehntausend Wesen und Dinge,
sind aus etwas hervorgegangen.
Etwas ist aus Nichts hervorgegangen.

Der Vierzigste Spruch

Der ewige Kreislauf ist die Bahn der Bahn;
Das Lassen ist das Tun der Bahn.
Die Einzelnen Wesen wallen zum Leben,
 im Leben wallen zum Nichts.

41

Der außerordentliche Adept, der vom Dao hört,
vervollkommnet sich aufrichtig.
Den mittelmäßigen Adept, der vom Dao hört,
scheint es ab und an zu beschäftigen.
Der unbegabte Adept, der vom Dao hört,
lacht laut heraus.
Würde er nicht darüber lachen, wäre es nicht
das Dao.
Daraus folgert:
Das Dao, das hell ist, scheint dunkel.
Das Dao, das sich nach vorne ausdehnt,
scheint sich zurückzuziehen.
Das subtile Dao scheint grob.
Die höchste Wirksamkeit ist wie das Tal.
Die höchste Strahlkraft scheint beschmutzt.
Umfassende Wirksamkeit scheint fehlerhaft.
Vitale Wirksamkeit scheint träge.
Das umfassendste Quadrat hat keine Ecken.
Große Fassungskraft hat späte Vollendung.
Die große Tonlage hat seltenen Klang.
Die hohe Gestalt hat keine Form.
Das Dao ist jenseits der Namen.
Das Dao alleine erwirkt die Vollendung.

Der Einundvierzigste Spruch

Der vollendete Weise versteht die Bahn und vertieft sie;
Der halb Weise versteht die Bahn und wahrt sie;
Der niedrig Weise versteht die Bahn und nutzt sie,
  unfähig, sie zu verfolgen.
All-so ward gesagt:
  Wer durchdringet die Bahn, ist Enteinzelt;
  Wer fortgeht in der Bahn, ist in Enteinzelung;
  Wer erkennet die Bahn, ist Mensch.
Der Rechte-Weg der Größe ist All-Lassen;
  Vollendete Einheit ist Einfalt;
Der Rechte-Weg der Weite ist Nicht-Wille zur Tat;
Der Rechte-Weg der Kraft ist Ursprünglichkeit.
Erkenntnis hievon ist vielfach sich vergrößern.
  Unendlich großes Viereck ist ohne Ecken;
  Unendlich großes Gefäß faßt nichts;
  Unendlich großer Schall ist lautlos;
  Unendlich großes Bild ist ohne Form.
Die Bahn ist jenseits vom Sinn und jenseits vom Einzeln;
    begreifet das All-Geschehn.

42

Das Dao erzeugt Eins
Eins erzeugt die Zwei
Zwei erzeugt Drei
Drei erzeugt die Zehntausend Dinge und Wesen
Die Zehntausend Dinge und Wesen tragen auf ihrem
Rücken das Yin und umfangen mit ihren Armen das Yang –
sind Schöpfungen einer Mischung der Dualität.
Einsamkeit, Verlassenheit und Depression sind Begriffe,
die von den Menschen verdrängt werden,
doch die Fürsten und Prinzen berufen sich darauf.
So können Dinge vielleicht hinzugefügt werden,
indem man sie entfernt, und es können Dinge entfernt werden,
indem man sie hinzufügt.
Was andere verlauten lassen, will ich auch tun:
Die Gewalttätigen werden zu keinem natürlichen Ende finden.
Dies soll mein Grundsatz sein.

Der Zweiundvierzigste Spruch

Die Bahn fonderte das Eins;
Die Eins fonderte das Zwei;
Das Zwei fonderte das Drei;
Das Drei fonderte das Viel.
Das Viel schwebt im Lassen, umschwebt das Tun;
Das Einzellose schafft das Gleichgewicht.
Der Einzelne tunwollende nichtlassenwollenden Triebes
    ist also unstatthaft im Gemeinleben;
Der Ordner ist Fördrer jenes Gleichgewichts und daher groß.
    Gewinn wird Verlust;
    Verlust wird Gewinn:
Das ist die Lehre des Volks.
Ich lehre:
    Der Wollende erreicht nicht seinen Tod.
Dies ist mein Grundsatz.

43

Das Weichste dieser Welt
reitet rücksichtslos durch das Härteste hindurch.
Das Immaterielle erreicht, wo keine Risse.
Dies ist der Grund für das Nicht-Eingreifen.
Die Unterweisung ohne Worte,
der Nutzen der Nicht-Absicht,
dieses ist jenseits des Verständnisses
außer einiger Weniger.

Der Dreiundvierzigste Spruch

Die biegsamsten Glieder in der Gemeinschaft lenken
    die unbeugsamsten.
Das Einzellose durchdringt den stätigen Stoff.
Hierin überschaue ich die Überlegenheit des Nicht-Wollens.
  Lehren ohne reden, vollenden ohne tun,
    Ist Seltenheit in der Gemeinschaft.

44

Dein Name oder dein Standpunkt,
was ist dir von Bedeutung?
Existenz oder Besitz,
was ist dir wertvoll?
Gewinn oder Verlust,
was treibt weiter in den Ruin?
Aus diesem Grund führt Geiz
unweigerlich zu hohen Aufwänden.
Zu große Anhäufung
führt unweigerlich zu hohem Verlust.
Wisse um Zufriedenheit,
und keine Schande trifft dich.
Wisse wann genug ist,
und keine Gefahr begegnet dir.
So kannst du fortdauern.

Der Vierundvierzigste Spruch

Was ist mir näher, der Name oder Ich?
Was ist mir näher, das Ich oder die Habe?
Was ist mir härter, Erwerb oder Verlust'
Übermaß zeugt Schmerz;
Reichtum zeugt Unheil.
Die Schranken beachten, Unmögliches meiden;
Das ist die Bedingung zu Unvergänglichkeit.

45

Große Vervollkommnung scheint zerstreut,
und doch kann Tat sie nicht erschöpfen.
Große Fülle scheint leer,
und doch kann Tat sie nicht auszehren.
Große Ehrlichkeit scheint übertrieben.
Große Fähigkeit scheint dilettantisch.
Große Sprachgewalt scheint stammelnd.
Bewegung überwindet Kälte,
Stille überwindet Hitze
Klarheit und Ruhe bringen die Welt ins rechte Maß.

Der Fünfundvierzigste Spruch

Menschliche Vollendung bleibt Mangel; sie ist unerreichbar,
Menschliche Gänze bleibt Nichts, sie bleibt unerfüllbar;
Menschliches Recht bleibt Schiefe;
Menschliches Wissen bleibt Torheit;
Menschliche Kunst bleibt Stammeln.
    Bewegung zwingt Kälte;
    Ruhe zwingt Wärme:
Und doch bleibt das Stet-Vollendete das Urvorbild des Menschen ...

46

Wenn das Dao im Reich fruchtet,
werden die Rennpferde zum Düngen der Felder gebraucht.
Wenn das Dao im Reich nicht fruchtet,
werden die Schlachtrösser an den Grenzen gezüchtet.
Kein Vergehen ist größer als übertriebene Wünsche.
Kein Unheil größer als Unzufriedenheit.
Kein Unglück größer als Gier.
Deswegen – wer bescheiden ist, hat immer genug.

Der Sechsundvierzigste Spruch

Lebt die Gemeinschaft in der Bahn,
Die Kriegsroße ziehen den Pflug;
Irrt die Gemeinschaft von der Bahn,
Die Kriegsroße wachen der Grenze.
Nicht ist größere Sünde als Ungestüm;
Nicht ist größeres Übel als Unmaß;
Nicht ist größerer Mangel als Ehrfurcht.
Zufrieden ist, wer sich zufrieden gibt.

47

Ohne weit umherzueilen,
kann man die ganze Welt erfahren.
Ohne aus dem Fenster zu sehen,
kann man das Dao des Himmels erkennen.
Je weiter man geht,
um so weniger man versteht.
Deshalb erkennt der Weise,
ohne wegzueilen,
begreift, ohne zu schauen,
vollendet, ohne zu handeln.

Der Siebenundvierzigste Spruch

Ohne hinauszugehn kann man die Menschen kennen;
Ohne hinauszusehn, kann man durchschauen:
  Wer viel sieht, wenig weiß.
All-so:
  Der Vollendete erreicht ohne Schritt:
    weiß ohne Beobachtung;
    vollendet ohne Wollen.

48

Mit der Absicht zum Lernen,
weiß man jeden Tag mehr.
Mit der Absicht des Dao,
tut man jeden Tag weniger.
Man tut weniger und weniger,
bis man nichts mehr tut.
Und wenn man nichts tut,
bleibt nichts ungetan.
Es ist grundsätzlich das Nicht-Eingreifen,
das den Gewinn des Reiches mit sich bringt.
Greifst du ein,
bist du der Aufgabe nicht gewachsen,
das Reich zu gewinnen.

Der Achtundvierzigste Spruch

Lernen führt weiter und weiter:
Der Bahn folgen führet zurück,
  weiter und weiter zurück bis zum Nicht-Wollen.
Nicht-Wollen, nicht Nicht-Handeln ist das Wesen der Gemeinschaft;
Stäte Abwesenheit Einzel-Willens:
Einzel-Wille ordnet nicht die Gemeinschaft.

49

Der Weise ist nicht um sich selbst bekümmert.
Er kümmert sich um die Menschen.
Die gut sind, denen tue ich gut.
Die nicht gut sind, tue ich ebenfalls gut.
Auf diese Weise entsteht Güte.
Die Vertrauen erwecken, gewinnen mein Vertrauen.
Die nicht Vertrauen erwecken, gewinnen auch mein Vertrauen.
Auf diese Weise entsteht Vertrauen.
Der Weise lockert das Bewußtsein des Reiches,
indem er es vordringlich zerstreut.
Die Menschen sind damit beschäftigt,
ihren Augen und Ohren zu folgen –
und der Weise behandelt sie wie Kinder.

Der Neunundvierzigste Spruch

Der Vollendete hat kein Einzelgewissen;
Hat ein Gemeinschaftsgewissen:
Gut zu Guten;
Gut auch zu Nicht-Guten:
Das ist der Rechte-Weg der Güte.
Ehrlich zu Ehrlichen,
Ehrlich auch zu Nicht-Ehrlichen.
Das ist der Rechte-Weg der Ehrlichkeit.
Der Vollendete, in der Gemeinschaft, sorgt,
das die Gemeinschaft sein Gewissen nicht störe.
Der Gemeinschaft Glieder hören und sehen auf ihn,
gleich als Kinder des Vollendeten.

50

Wenn die eine Richtung Leben meint
und die andere Richtung Tod,
dann sind drei von zehn unterwegs zum Leben,
und drei von zehn zum Tod.
Da sind noch die, die das Leben verjubeln,
und sich damit zum Tod bewegen.
Auch diese betragen drei von zehn.
Warum das so ist?
Weil sie das Leben exzessiv ausleben.
Ich habe vernommen, daß der, der
sein Leben hegt, auf Reisen weder dem Nashorn
noch dem Tiger begegnet, noch wird er verwundet,
wenn er in einen Kampf gerät.
Da ist keine Stelle, wo das Horn des Nashorns
in ihn dringen könnte, noch ist da eine Stelle,
wo der Tiger seine Pranke in seinen Körper hauen könnte.
Da ist keine Stelle, wo die Klinge einer Waffe treffen könnte.
Warum das so ist?
Weil es in ihm keine toten Stellen gibt.

Der Fünfzigste Spruch

Ins Leben treten heißt zum Tode wallen.
Drei auf zehn streben zum Leben;
Drei auf zehn streben zum Tode;
Drei auf zehn streben zum Leben, doch eilen zum Tode.
Warum? Aus Liebe zum Leben.
Der Eine andrerseits, der kennet das Wesen des Lebens,
    lebt und fürchtet nicht Tiger noch Einhorn;
    kämpft und braucht nicht Rüstung:
    das Einhorn fände nicht Angriffspunkt für sein Horn;
    der Tiger fände nicht Angriffspunkt für sein Tatze;
    der Feind fände nicht Angriffspunkt für sein Schwert.
Warum? Er steht über dem Leben.

51

Das Dao gibt den zehntausend Wesen und Dingen Leben.
Die Wirksamkeit nährt sie.
Die materielle Umgebung formt sie.
Die Umstände des Augenblicks bringen sie zur Reife.
Deshalb hochachten die zehntausend Wesen und Dinge das Dao und verehren die Wirksamkeit.
Doch werden das Dao und die Wirksamkeit von allen Wesen verehrt,
da dies der Natürlichkeit entspricht, nicht weil man es erwartet.
Darum gibt das Dao ihnen Leben und nährt sie,
hegt und pflegt sie,
führt sie zur Fruchtbarkeit und Vollendung,
leitet und umarmt sie.
Es gibt ihnen Leben, ohne Anspruch auf Besitz.
Es fördert sie, ohne Anspruch auf Dankbarkeit.
Es verwaltet sie, ohne Anspruch auf Dominanz.
Dies ist die geheimnisvolle Wirksamkeit.

Der Einundfünfzigste Spruch

Die Bahn – Ursache,
Der Rechte-Weg – Erhalter,
Die Zerscheidung – Bildner,
Die Kraft – Täter.
All-so:
Die Wesen verehren die Bahn;
ehren den Rechten-Weg.
Verehrung der Bahn,
Ehrung des Rechten-Wegs
find nicht bewußte Pflicht,
find unbewußter Trieb.
Die Bahn zeugt alles,
fördert alles,
entwickelt alles,
nährt alles,
vollkommnet alles
reift alles,
wahrt alles,
hält alles im Kreislauf,
lenkt und besitzt nicht,
wirkt und ist nicht wirkend,
hat und ist nicht Herr.
Das ist ihr geheimnisvolles Wesen.

52

Die Welt hat einen Urbeginn.
Und dieser Urbeginn könnte die Mutter der Welt sein.
Wenn du die Mutter erkennst, erkennst du auch die Kinder.
Nachdem du die Kinder erkannt hast, dann geh zurück und stehe zur Mutter.
Und bis zum Ende deiner Tage wird dir keine Gefahr begegnen.
Versperre die Öffnungen.
Schließe die Türen.
Und dein ganzes Leben lang wirst du nicht auslaufen.
Versperre die Öffnungen nicht,
vermehre deinen Ärger,
und am Ende deiner Tage wirst du kaum Erlösung finden.
Das Kleine zu beachten, nennt sich Klarsicht.
Flexibel zu bleiben, nennt sich Stärke.
Verwende den Glanz, doch sei nicht zu scharfsinnig.
Bring kein Unglück über dich.
Dies nennt sich, dem Ewigen zu folgen.

Der Zweiundfünfzigste Spruch

Das Allgütig-Menschliche erscheinet als Mutter des Menschen.
  Anerkennen die Mutter heißt wissen ihr Kind zu sein,
  Wissen Kind zu sein heißt fortleben die Mutter,
  Und dieses heißt wahren vor Zerfall.
Zusammenschließen des Lebens Kraft,
Abschluß von Zersplitterung:
So wird des Lebens Bronnen nicht erschöpft.
Zersplittern des Lebens Kraft,
Hingabe an Tatendrang:
So wird des Lebens Bronnen bald leer.
Seinen Grund aufdecken ist Klarsicht;
Seine Schwäche zwingen ist Stärke.
Leben in dieser Größe,
Eingehen in diese Klarsicht:
All-so ist die Vernichtung des Leibs kein Verlust:
Dies ist Unsterblichkeit.

53

Hätte ich nur das kleinste Wissen,
würde ich, dem großen Dao folgend,
nur vor abweichenden Pfaden fürchten.
Das große Dao ist einfach,
doch ziehen die Menschen die Umwege vor.
Der Hof ist korrupt,
die Felder von Unkraut überwuchert,
die Kornspeicher leer.
Doch die mit den feinsten Kleidern,
die Schwerter an ihrer Seite,
voll von Trank und Schmaus,
und von überflüssigem Reichtum besessen.
Man nennt diese mächtig durch Raub.
Solches ist weit weg vom Dao.

Der Dreiundfünfzigste Spruch

Den Menschen züchten heißt ihn in die Bahn lenken,
Wollen ist Übel.
Die Bahn ist weit, doch Menschen lieben Pfade:
  Glänzende Schlösser – wüste Felder, leere Scheunen,
  Bei den großen Kleiderpracht, Waffenaufwand,
    Tafelfreuden, Schatzesfülle:
  Das ist Diebstahl, übermütige Prahlsucht,
  Außer der Bahn.

54

Was wirklich verwurzelt ist,
kann nicht herausgerissen werden.
Was mit den Armen sanft gehalten wird,
kann nicht entgleiten.
Deshalb wird das Erbringen der Ahnenopfer
von den Nachfolgenden nie enden.
Kultiviere dies in deinem Wesen,
und deine Wirksamkeit wird wahrhaftig.
Kultiviere dies in der Familie,
und ihre Wirksamkeit wird blühen.
Kultiviere dies in der Gemeinde,
und ihre Wirksamkeit wird währen.
Kultiviere dies im Staat,
und seine Wirksamkeit wird umfassend.
Kultiviere dies im Königreich,
und seine Wirksamkeit wird durchdringend.
Dementsprechend, ermesse die Person an der Person,
die Familie an der Familie,
die Gemeinde an der Gemeinde,
den Staat am Staat,
das Königreich am Königreich.
Woher ich weiß, daß sich dies so verhält?
Eben dadurch.

Der Vierundfünfzigste Spruch

Stark gegründetes Geschlecht verfällt nicht,
Stark geleitetes Geschlecht zerfällt nicht:
Ewig ehren die Enkel die Ahnen.
Gleich-so:
Im Ichgebiete ist Rechter-Weg die Geradheit,
Im Geschlechtsgebiete ist Rechter-Weg das Wohl.
Im Gemeindegebiete ist Rechter-Weg die Dauer,
Im Volksgebiete ist Rechter-Weg die Wucht,
Im Gemeinschaftsgebiete ist Rechter-Weg die Ordnung.
All-so:
Ich mißt sich an Ich;
Geschlecht mißt sich an Geschlecht;
Gemeinde mißt sich an Gemeinde;
Volk mißt sich an Volk;
Gemeinschaft mißt sich an Gemeinschaft.
Was ist die Grundlage dieser Denkform? Eben diese Denkform.

55

Der durchdrungen von Wirksamkeit
ist wie ein neugeborenes Kind.
Wespen und Schlangen beißen nicht,
wilde Tiere greifen nicht an,
Raubvögel stechen nicht hernieder.
Seine Knochen und Sehnen sind weich und zart,
und doch ist sein Griff fest.
Es weiß nichts von der Verschmelzung
des Weiblichen mit dem Männlichen,
und doch erhebt sich sein Glied:
Dies ist unverfälschte Vitalität.
Es schreit den ganzen Tag
und wird nicht heiser:
Dies ist unverfälschte Harmonie.
Harmonie zu erfahren, heißt ewig.
Ewigkeit zu erfahren, heißt Klarsicht.
Die Wünsche der Vitalität zu befriedigen,
heißt schlechte Vorzeichen.
Ehrgeizig den Atem zu dominieren,
heißt Gewalttätigkeit.
Wenn ein Wesen das Alte verletzt, heißt es,
gegen das Dao zu wirken.
Was gegen das Dao wirkt, wird früh vergehen.

Der Fünfundfünfzigste Spruch

Wer im Rechten-Weg ist, gleicht dem Kind.
    Dieses fürchtet nicht giftigen Geziefers Stich,
        fürchtet nicht wilden Tieres Kralle,
        fürchtet nicht Raubvogels Fänge,
        hat weiche Knochen, zarte Sehnen,
            doch greift fest zu,
        hat kein Bewußtsein von Geschlechtlichkeit,
            doch sein Glied erregt sich:
        Vollendete Ordnung!
        kann schreien den ganzen Tag,
            doch wird nicht heiser:
        Vollendetes Selbstwirken!
Das Selbstwirken des Lebens kennen heißt Unvergänglichsein,
Das Wesen der Unvergänglichkeit kennen heißt Klarsein,
Das eigene Leben beobachten heißt zerfallen,
Das eigene Leben wollen heißt kämpfen,
    und kämpfen heißt auch zerfallen,
All-solches ist außer der Bahn.
Außer der Bahn ist alles Zerfall.

56

Wer weiß, spricht nicht.
Wer spricht, weiß nicht.
Versperre die Öffnungen,
schließe die Tore,
schwäche die Schärfe,
löse die Knoten,
mildere die Strahlkraft,
blas den Staub fort.
Laß deine Räder nur auf alten Spuren fahren.
So nennt man die geheimnisvolle Gleichheit.
Deswegen kannst du dich ihr weder nähern,
noch kannst du es fernhalten.
Du kannst ihr weder nutzen,
noch es schädigen.
Du kannst es weder aufwerten,
noch es abwerten.
Aus diesem Grund wird es vom Königreich geachtet.

Der Sechsundfünfzigste Spruch

Wer weiß, spricht nicht,
Wer spricht, weiß nicht.
Das Leben zusammenschließen,
Die Zersplitterung ausschließen,
Die Schärfe stumpfen,
Das Wirre klären,
Das Blendende dämpfen,
Den Gewöhnlichen spielen:
Das ist Tiefe im Gemeinschaftsleben.
Über dem Ruhm,
Über der Schande,
Über der Ehre,
Über der Verachtung:
Das ist Tugend im Gemeinschaftsleben.

57

Regiere den Staat durch deinen aufrechten Standpunkt.
Führe den Krieg durch List,
aber gewinne das Königreich durch Nicht-Eingreifen.
Woher ich weiß, das es sich so verhält?
Dadurch:
Je mehr Gesetze, um so ärmer das Volk.
Je schärfer die Waffen, um so aufgebrachter das Land.
Je geschickter die Leute, um so mehr Erfindungen.
Je mehr Gesetze und Anweisungen ergehen,
um so mehr Diebe und Räuber.
Deswegen meint der Weise:
Ich handle nicht aus Absicht, und die Menschen wandeln sich aus sich selbst.
Ich bevorzuge die Stille, und die Menschen korrigieren sich selbst.
Ich greife nicht ein, und die Menschen selbst entwickeln Wohlstand.
Ich bin frei von Wünschen, und die Menschen werden aus sich selbst
ursprünglich wie der unbehauene Klotz.

Der Siebenundfünfzigste Spruch

Redlichkeit zeigt friedliches Walten;
Geschicklichkeit zeugt bloß Kampf.
Das Nicht-Wollen zeugt Gemeinschaftsordnung.
Wie ward mir solcher Grundsatz von der Gemeinschaft?
All-so:
        Verbot zeugt Zwang,
        Befehl zeugt Störung,
        Geschick zeugt Niedertracht,
        Gesetz zeugt Verbrechen.
Gleich-so der Vollendete spricht:
Ich beobachte Nicht-Wollen,
    und das Volk entwickelt sich nach seiner Anlage;
Ich beobachte Nicht-Handeln,
    und das Volk lenkt sich selbst kraft Schicksals Zwanges;
Ich beobachte Nicht-Mitfühlen,
    und das Volk blüht, weil sich selbst überaßen;
Ich beobachte Nicht-Sein,
    und das Volk ist wie es sein muß, durch sich selbst.

58

Ist die Regierung benebelt,
sind die Menschen einfach.
Ist die Regierung aufmerksam,
sind die Menschen verschlagen.
Im Unglück wächst das Glück.
Das Unglück verbirgt sich hinter dem Glück.
Wer kennt die Grenzen?
Gibt es die Aufrichtigkeit nicht?
Aber die Aufrichtigkeit wird wieder zur Berechnung,
und das Gute wird wieder zum Graus.
Die Menschen sind schon seit langem verwirrt.
Deshalb hat der Weise zwar Kanten, ohne jedoch zu schneiden.
Er hat Ecken, ohne jedoch zu stoßen.
Er legt sich dar, aber nicht auf die Kosten anderer.
Er strahlt, ohne zu blenden.

Der Achtundfünfzigste Spruch

Tatlose Verwaltung – frohes Volk,
Eifrige Verwaltung – trauriges Volk.
Unglück – Glück umschließt es,
Glück – Unglück verschließt es.
Wer weiß, welches siegt?
Gerade gehen? ...
        Gerade verkehrt sich in krumm,
        Gut verkehrt sich in schlecht.
Ewige menschliche Blindheit! ...
All-so:
Der Vollendete ist ein eckloses Viereck,
        ein spitzloser Winkel,
        gerad doch weich,
        klar doch glanzlos.

59

Wenn er die Menschen führt
und dem Himmel dient, ist es am besten,
bescheiden zu sein.
Weil er bescheiden ist, kann er als einer erkannt werden,
der dem Dao von Anfang an folgt.
Dem Dao von Anfang an zu folgen bedeutet,
daß er ein großes Maß an Wirksamkeit entwickelt.
Ein großes Maß an Wirksamkeit entwickeln bedeutet,
daß da nichts existiert, was er nicht überwinden könnte.
Wenn da nichts existiert, was er nicht überwinden könnte,
kann niemand seine Grenzen abschätzen.
Wenn niemand seine Grenzen abschätzen kann,
kann er einen Staat an sich nehmen.
Wenn er die Mutter eines Staates an sich nimmt,
dann kann er überdauern.
Dies nennt man das Dao der tiefen Wurzeln
und des festen Stammes,
durch die man viele Tage sehen wird.

Der Neunundfünfzigste Spruch

Zur Förderung des Menschen,
Zur Entwicklung des Geistigen
        ist das Lassen das höchste Mittel,
Lassen ist Einlenken in den Rechten-Weg,
Einlenken in den Rechten-Weg wird Fortschritt im Rechten-Weg.
Fortschritt im Rechten-Weg wird All-Anpassung,
All-Anpassung wird Einzellosigkeit,
Einzellosigkeit ist Vorbedingung zum Gemeinschaft-Verwalten.
Solchen Verwaltungsgrundsatzes Anwendung bringt Ständigkeit,
    bedeutet tiefe Wurzel,
        starken Stamm,
        Pfad zu unsterblicher Macht.

60

Einen großen Staat regieren ist,
wie einen kleinen Fisch zu braten.
Wenn das Königreich im Einklang
mit dem Dao geführt wird,
verlieren die Geister ihre Substanz.
Eher noch, daß sie nicht ihre Substanz verlieren,
sondern vielmehr durch ihre Substanz dem
Volk nicht schaden können.
Nicht nur, daß die, die ihre Substanz haben,
nicht schaden, auch der Weise schadet nicht.
Wie keiner dem anderen schadet,
bewirkt jeder des anderen Wachstum.

Der Sechzigste Spruch

Gemeinschaft-Verwalten ist gleich wie langsam schmoren lassen.
Ist die Gemeinschaft in der Gahn,
so weist keine Seele Einzelwillen.
Wohl ist Einzelwille:
er richtet sich nicht gegen Andere.
Wohl könnte der Einzelwille sich gegen die Anderen richten:
der Vollendete richtet ihn nicht gegen Andere.
»Vollendet« und »Anderer« treffen sich nie:
Ihre Rechten-Wege sind gleicher Richtung.

61

Ein großes Land ist die Tiefebene eines Flusses,
der Ort wo alle Ströme sich zusammenfinden,
ein Zusammenströmen der Welt.
Die Weiblichkeit führt die Männlichkeit durch Stille.
In Stille sinkt sie in die Tiefe.
Deswegen stellt sich ein großes Land tiefer als das Kleine,
um es zu übernehmen.
Das kleine Land stellt sich tiefer,
um sich dem Grossen anzupassen.
So stellt sich das eine Land tiefer, um zu beeinflussen,
und das andere Land stellt sich tiefer, um beeinflußt zu werden.
Das große Land will einzig das kleine Land aufnehmen,
und das kleine Land will einzig, daß seine Dienste erkannt werden.
Wenn beide ihre ideale Lage finden sollen,
ist es notwendig, daß das große Land sich tief stellt.

Der Einundsechzigste Spruch

Der große Staat ist wie die Tiefe, zu der die Flüsse fließen,
  Herd des Menschlichen,
  weibliches Widerbild der Gemeinschaft.
Das Weibliche bändigt stäts das Männliche durch Empfänglichkeit;
Empfänglichkeit ist Herablassung.
All-so:
  Der große Staat wirkt Einfluß im kleinen Staat
    durch Herablassung zum kleinen Staat,
  Der kleine Staat wirkt Einfluß im großen Staat
    durch Herablassung zum großen Staat:
Herablassung ist jedesmal Überlegenheit.
Des großen Staates Zweck ist
  Zusammenschluß und Unterhalt der Menschen,
Des kleinen Staates Zweck ist
  Unterstützung und Wohl der Menschen:
So verwirklichen beide ihren Zweck.
Größe ist nichts als Herablassung.

62

Das Dao bietet den zehntausend Dingen und Wesen Zuflucht.
Der gute Mensch schützt dadurch,
der nicht-gute Mensch wird dadurch beschützt.
Freundliche Worte bewirken große Beachtung,
und freundliche Taten können Einfluß fördern.
Selbst wenn ein Mensch nichts Gutes tut,
warum sollte er verachtet werden?
Wenn nun der Kaiser eingesetzt wird und die drei hohen
Minister einberufen werden, ist derjenige, der ein Geschenk
des Dao macht, ohne vom Stuhl aufzuspringen,
demjenigen vorzuziehen, der Geschenke aus Jade-Scheiben und
Pferde-Viergespann macht.
Warum war diese Vorgehensweise im Altertum so hoch geschätzt?
War es nicht so, daß dadurch jemand die Konsequenzen von Fehl-
verhalten
nicht zu tragen hatte?
Deshalb wird das Dao vom Reich verehrt.

Der Zweiundsechzigste Spruch

Die Bahn ist Gefäß Alles,
Schatz der Tüchtigen,
Hort der Verirrten.
Schöne Worte über sie bringen wohl Ehre,
Schöne Taten nach ihr bringen wohl Ruhm:
Doch über alles: Sie läßt nicht die Verirrten.
Kaisers Macht, Königs Pracht
Reicht nicht an eine Rücklehnung in die Bahn.
Die Alten sahen ihr Höchstes in der Bahn. Warum?
Weil sie gefunden werden kann durch Arbeit;
Weil, durch sie selbst, Verirrte zurückgelenkt werden in sie.
All-so ist sie der Menschen Höchstes.

63

Tu, ohne zu tun.
Gestalte, ohne Vorsatz.
Schmecke, was ohne Geschmack.
Schaffe das Große aus dem Kleinen,
das Viele aus dem Wenigen.
Sei gut zu dem, der dich verletzt.
Plane Schwieriges, bevor es schwierig.
Tue Großes, indem du es klein schon tust.
Schwierige Dinge beginnen stets einfach.
Große Dinge beginnen stets klein.
Daher: Der Weise ist groß,
weil er keine Größe sucht.
Wer leichtfertig verspricht, wirkt kein Vertrauen.
Wer grundsätzlich verharmlost,
gerät oft in Schwierigkeiten.
Aus diesem Grunde empfindet selbst der Weise
einige Dinge als schwierig.
Daher treffen ihn Schwierigkeiten nicht.

Der Dreiundsechzigste Spruch

Wollen ohne Wollen wollen;
Tun ohne Tun wollen;
Fühlen ohne Fühlen wollen;
Großes als Kleines sehen;
Vieles als Weniges sehen;
Schlechtes als Gutes sehen.
    Schwierig ist eine Weiterentwicklung von Leicht;
    Groß ist eine Weiterentwicklung von Klein.
Die schwierigen Gemeinschaftsfragen gehen hervor aus leichten;
Die großen Gemeinschaftsfragen gehen hervor aus kleinen.
All-so:
    Der Vollendete sorgt nicht um Schon-Großes,
        vollführt dessenthalb Großes.
    Wer viel verspricht, wenig hält;
Wer leicht glaubt, schwierig findet.
All-so:
    Der vollendete glaubt alles schwierig;
        findet alles leicht.

64

Insofern eine Situation ausgewogen ist,
ist sie einfach zu halten.
Eine Situation ist einfach zu meistern,
solange keine Zeichen auftreten.
Solange etwas spröde, ist es leicht zu brechen.
Solange etwas winzig, ist es einfach aufzulösen.
Kümmere dich darum, solange es ungeschehen.
Erhalte es in Ordnung, bevor es in Unordnung.
Ein Baum eines Menschen Umarmung Umfang
wächst aus einem unscheinbaren Samen.
Ein neunstöckiger Turm wird aus einem Häufchen Erde errichtet.
Eine lange Reise beginnt vor dem eigenen Fuß.
Wer etwas übertrieben tut, richtet es zugrunde.
Wer sich an etwas festhält, verliert es.
Deshalb: Da der Weise nicht tut, richtet er nicht zugrunde.
Da er nichts festhält, richtet er nichts zugrunde.
Ihre Unternehmen richten die Menschen zugrunde,
wenn ihr Erfolgswillen überbordet.
Man sei behutsam am Ende wie am Anfang –
und Unternehmen liegen nicht brach.
Deshalb wünscht sich der Weise, nicht zu wünschen,
und erstrebt keine seltenen Güter – lernt jenseits von Lernen –
korrigiert die Mißgeschicke der Masse,
damit die zehntausend Wesen ihre Natürlichkeit finden –
nicht die Tat.

Der Vierundsechzigste Spruch

Ruhiges ist leicht halten;
Noch-Nicht-Erschienenes ist leicht dämpfen;
Noch-Schwaches ist leicht vernichten.
Vor Vollendeter-Tatsache hindern;
Vorm Kampfe Frieden stiften.
Riesiger Baum hat ein feines Haar zur Wurzel;
Neunstöckiger Turm hat eine Erscholle zum Grunde;
Tausend Meilen beginnen unter deinem Fuß.
Scheitern wird möglich durch Wollen;
Verlieren wird möglich durch Gewinnen.
All-so:
Der Vollendete will nicht, also scheitert nicht;
gewinnt nicht, also verliert nicht;
Die Vielen scheitern am Zeitpunkt des Gelingens.
Das Ende bedenken wie den Anfang:
Das wäre der Weg des Gelingens.
All-so:
Der Vollendete wünscht Wunschlosigkeit;
lernt Verlernen;
kränkt gefunden Menschenverstand;
ist Ordner;
beobachtet Nicht-Wollen;
stört nicht die Entwicklung-aus-sich.

65

Seit Alters her wirkte man das Dao nicht zur Aufklärung,
sondern zur List.
Die Ursache, daß das Volk so schwer zu regieren ist,
liegt daran, daß es zu gescheit ist.
Das Volk durch Gescheitheit zu regieren,
bedeutet, ihm zu schaden.
Das Land nicht durch Gescheitheit zu führen,
ist eine Wohltat.
Beides sind Vorgehensweisen.
Diese Vorgehensweisen allseits zu erkennen,
entspricht der geheimnisvollen Wirksamkeit.
Die geheimnisvolle Wirksamkeit ist tief und weit.
Wenn die Dinge aber zurückkehren, kehrt sie mit ihnen zurück.
Nur so ist das umfassende Zusammenwirken geschehen.

Der Fünfundsechzigste Spruch

Die Alten kannten die Bahn;
        bildeten nicht die Vielen;
        hielten die Vielen in Unwissenheit;
    Gebildeter Pöbel ist schwer lenken.
Den Staat durch Klugheit lenken ist Unheil;
Den Staat durch Dummscheinen ist Heil.
Solchen Grundsatz anwenden heißt vorbildlich sein;
Solches Ziel verwirklichen heißt im Rechten-Wege sein;
Rechter-Weg..Tief!..Geheimnisvoll!..Fern!..
In Dir wallt alles Lebendige!
Durch Dich ist Welten-Gleichgewicht!

66

Der Grund, daß Meere und Flüsse die Könige der Täler sind,
liegt in dem förderlichen Umstand,
daß sie stets die tiefere Position einnehmen.
Deshalb soll man, wünscht man die Menschen zu führen,
sich ihnen gegenüber mit bescheidenen Worten geben.
Und wünscht man, die Menschen anzuführen,
soll man hinter ihnen folgen.
So nimmt der Weise seinen Platz unter den Menschen ein,
ohne daß ihn die Menschen als Bürde empfinden.
Er wahrt seine führende Stellung, ohne zu hindern.
Deswegen unterstützt ihn das Volk voller Freude,
ohne zu ermüden.
Da er nicht wetteifert, ist niemand in der Lage,
mit ihm in Wettstreit zu treten.

Der Sechsundsechzigste Spruch

Ströme und Seen sind Herrscher der Täler,
denn sie liegen ihnen zugrunde;
Hier liegt die Bedingung zum Herrscher-Sein.
All-so:
Der Vollendete erhebet sich über die Vielen
durch Worte der Demut;
stellet sich an die Spitze der Vielen
durch Vertuschung des Ich;
ist also über den Vielen, ohne sie zu zwingen;
ist also über den Vielen, ohne sie zu demütigen.
Die Gemeinschaft ist all-so im Wohle und fühlt sich in Freiheit;
Der Ordner beobachtet Nicht-Tun;
Die Gemeinschaft kann ihm nichts tun.

67

Die ganze Welt sagt, mein Dao sei unermeßlich und unvergleichlich.
Da es unermeßlich ist, ist es unvergleichlich.
Wäre es mit irgend etwas zu vergleichen, wäre es schon lange eingegangen.
Ich habe drei Schätze, die ich hege und pflege.
Der erste ist Mitgefühl.
Der zweite ist Mäßigung.
Der dritte ist, nicht das Reich anführen zu wollen.
Wer mitfühlend ist, kann mutig sein.
Wer sich mäßigt, kann seinen Einflußbereich ausweiten.
Wer nicht das Reich anführen will, kann über die Offizien-Gefäße walten.
Gibt man nun das Mitgefühl für den Mut auf,
gibt man die Mäßigung für die Ausdehnung auf,
das Hintere für das Vordere,
zieht sicherlich den Tod an.
Kämpfe durch Mitgefühl und du wirst triumphieren,
unüberwindbar in der Verteidigung.
Der Himmel steht einem bei, indem er durch die Gabe des Mitgefühl schützt.

Der Siebenundsechzigste Spruch

Man nennt mich groß,
Und sagt, ich sei nicht wie die Anderen ...
Groß ... unzweifelhaft hört man zugleich »nicht wie die Anderen«,
  nicht wie die, welche ewig »sind wie die Anderen«,
    und all-so in Wirklichkeit recht klein ...
Nämlich
Ich habe drei Werte, die ich wahre und ehre.
Der erste ist Wechselseitigkeitsgefühl;
Der zweite ist Würde des Abstands;
Der dritte ist Bescheidenheit in Dingen der Gemeinschaft.
Die Wechselseitigkeit gibt mir Mut;
Die Würde gibt mir Hoheit;
Die Bescheidenheit macht mich zum Ordner.
Heutzutage jedoch
  keine Wechselseitigkeit, doch Frechheit;
  keine Würde, doch leeren Lobs Lärm;
  keine Bescheidenheit, doch Gier nach äußerer Ehre:
    das ist der Weg zu Zerfall.
Wechselseitigkeitsgefühl zeugt im Kriege Sieg,
      im Frieden Stärke.
Das All erhält;
Das Wechselseitigkeitsgefühl fördert.

68

Ein wahrhafter Krieger erscheint nicht furchteinflößend.
Ein wahrhafter Kämpfer ist nicht aufbrausend.
Der seinen Gegner überwindet, sucht keine Rache.
Der Anstellung bietet, bescheidet sich vor den Angestellten.
Dies ist die Wirksamkeit des Nicht-Streitens.
Dies ist die Nutzung der Aufwendung anderer.
Dies ist im Einklang mit der Erhabenheit des Himmels sein.

Der Achtundsechzigste Spruch

Guter Kenner streitet nicht;
Guter Kämpfer zürnt nich;
Guter Zwinger schlägt nicht;
Guter Verwalter waltet nicht.
Das ist der Rechte-Weg des Friedens;
  das Mittel zur Verwaltung;
  das Widerbild des All,
    der Ur-Vollendetheit.

69

Die Strategen kennen folgende Taktik:
Ich wage nicht, den Gastgeber abzugeben, sondern bin wie der Gast.
Ich wage nicht, einen Zoll vorzurücken, sondern zieh mich einen Fuß zurück.
Dies bedeutet, vorwärts zu marschieren ohne Straße,
die Ärmel hochkrempeln, ohne Arm zu zeigen,
kraftvoll den Gegner überwinden, bevor der Gegner da ist,
die Waffen erheben, wenn dort keine Waffen sind.
Kein Übel ist größer, als das, den Gegner zu unterschätzen.
Dieses führte nahezu zum Verlust meines Schatzes.
Deswegen: Wenn zwei Fronten ihre Waffen erheben,
gelingt es dem, der sich sorgt.

Der Neunundsechzigste Spruch

Grundsatz für Kämpfer:
  Gastgeber sein, nicht Besucher;
  Fußweise weichen, lieber als zollweise vorrücken.
All-so:
Fortschreiten ohne Vorschreiten;
Erwerben ohne Erobern;
Haben ohne Nehmen.
Kein größeres Übel ist, als leichtfertig beschließen:
  das ist Verlieren.
Gleich-so:
  Von zwei Streitern siegt der Denkende.

70

Meine Worte sind sehr leicht zu verstehen
und sehr leicht in die Tat umzusetzen,
doch niemand kann sie verstehen
oder umsetzen.
Worte haben einen Ahnen,
und Handlungen einen Herrscher.
Da die Menschen verdrängen,
mißlingt es ihnen, mich zu verstehen.
Wenige, die mich verstehen.
Die mich verunglimpfen, werden geehrt.
Deswegen: Der Weise trägt selbstgemachte Kleidung
und verbirgt in seinem Wesen
ein unbezahlbares Stück Jade.

Der Siebzigste Spruch

Meine Lehre ist leicht verstehen,
        leicht befolgen;
Die Vielen können sie nicht verstehen,
            nicht befolgen.
Meine Lehre hat einen Grundsatz;
Mein Handeln hat eine Grundform.
Wer sie nicht weiß, versteht nicht.
Wenige verstehen mich: das ist meine Größe.
All-so:
    Der Vollendete scheint gering,
            ist groß.

71

Wissend, ohne zu denken, zu wissen, ist am vorteilhaftesten.
Nicht wissend, zu denken, zu wissen, führt zu Schwierigkeiten.
Aufmerksamkeit gegenüber Schwierigkeiten kann diese verhindern.
Der Weise trifft auf keine Schwierigkeiten.
Da er aufmerksam ist, trifft er auf keine Schwierigkeiten.

Der Einundsiebzigste Spruch

Sein Nicht-Wissen wissen ist Hoheit;
Sein Nicht-Wissen nicht wissen ist Krankheit.
Die Krankheit erfühlen heißt sie nicht mehr haben:
Der Vollendete ist frei dieser Krankheit;
erfühlt sie, also hat sie nicht.

72

Wenn den Menschen eine gesunde Ehrfurcht fehlt,
wird sie Grauen heimsuchen.
Schränke ihren Lebensraum nicht ein,
bedrücke nicht ihre Lebensart.
Weil du sie nicht bedrückst,
erschöpft sie die Last nicht.
Deswegen: Der Weise kennt sich,
doch hebt sich nicht hervor,
liebt sich, doch überzeichnet sich nicht.
Deshalb: Er läßt das eine und tut das andere.

Der Zweiundsiebzigste Spruch

Wer nicht mehr mit Unglück rechnet,
vergeht durch Unglück.
Nicht sich wenig glauben;
Nicht sich klein glauben;
Nicht glauben, und es ist nicht.
All-so:
Der Vollendete kennt sich, ohne sich zu zeigen;
genügt sich, ohne sich zu überschätzen;
meidet dieses;
müht jenes.

73

Wer furchtlos und kühn, findet den Tod.
Wer furchtlos und scheu, bewahrt das Leben.
Von diesen beiden bringt das eine Gutes,
das andere führt zu Schaden.
Der Himmel verabscheut das Verabscheuenswürdige.
Wer kennt den Grund dafür?
Deswegen: Selbst der Weise erachtet gewisse Dinge als schwierig.
Das Dao des Himmels überwindet, ohne zu streiten,
antwortet, ohne zu sprechen,
ist anziehend, ohne aufzufordern,
plant, und ist doch locker.
Das Netz des Himmels ist weit gespannt.
Obschon die Maschen groß sind,
entschlüpft nichts hindurch.

Der Dreiundsiebzigste Spruch

Wer kühn ist, wagt töten;
Wer nicht kühn ist, wagt leben lassen.
Beides ist etwann gut, etwann auch schlecht:
Wer kennt das Urteil des All?
Der Vollendete bleibt hier in Sorge.
Die Bahn des Allüberall ist diese:
    Sieg ohne Kampf;
    Gehorsam ohne Befehl;
    Anziehung ohne Aufforderung;
    Handlung ohne Tun.
Das Netz des Allüberall hat weite Maschen,
Doch nichts entweichet ...

74

Wenn die Menschen den Tod nicht fürchten,
warum dann ihnen mit Tod drohen?
Sind die Menschen in permanenter Angst vor dem Tod,
und bin ich in der Lage, die gefangenzunehmen
und zu exekutieren, die abweichen –
wer würde es dann noch wagen?
Es existiert ein natürlicher Scharfrichter,
der zu töten beauftragt ist.
Anstelle des Scharfrichters zu töten ist,
wie wenn man Holz schlägt anstelle des Zimmermannmeisters.
Wer anstelle des Zimmermannmeisters Holz schlägt,
wird sich wahrscheinlich die Hand verletzen.

Der Vierundsiebzigste Spruch

»Fürchtet das Volk den Tod nicht mehr,
Wer leitet das Volk durch Todesfurcht?
Fürchtet das Volk den Tod,
Man leitet es nützlich durch Todesfurcht« ...

Nein!
Es gibt ein Gericht über Leben und Tod;
Doch wer an seiner statt richtet über Leben und Tod,
Ist wie wer an Stelle des Holzhauers leget die Axt an den Baum:
Er schneidet sich unschwer die Hand.

75

Die Leute hungern.
Die Leute hungern,
da ihnen von den Machthabern
zuviel an Steuern weggegessen wird.
Die Leute sind schwer zu regieren.
Die Leute sind schwer zu regieren,
da die Machthaber zuviel erwirken wollen.
Die Leute nehmen den Tod leicht.
Die Leute nehmen den Tod leicht,
da sie das Leben überladen.
Darum ist derjenige, der das Leben nicht auskostet, weiser,
als wer das Leben wertet.

Der Fünfundsiebzigste Spruch

Das Volk leidet, weil die Großen schwelgen;
    Daher Volksunheil.
Das Volk grollt, weil die Großen lärmen;
    Daher Volksunruhe.
Das Volk verachtet den Tod, weil es Knecht ist des Lebens;
    Daher Volkslebensüberdruß.
Über dem Leben leben ist inniger als im Leben leben.

76

Der Mensch ist weich und schwach, wenn lebendig,
steif und hart, wenn tot.
Gräser und Bäume sind biegsam und zart, wenn lebendig,
ausgetrocknet und dürr, wenn tot.
Deshalb: Hart und stark sind nahe dem Tod,
weich und nachgiebig nahe dem Leben.
Deshalb: Eine starke Waffe ist nicht zwingend,
ein starker Baum wird von der Axt bezwungen.
Das Starke und Große unterliegt,
das Weiche und Biegsame obsiegt.

Der Sechsundsiebzigste Spruch

Weich und zart, so wird der Mensch,
Hart und stark stirbt er.
Schwank und zart, so keimt der Baum,
starr und stark stirbt er.
All-so:
    Starr und stark sind Weisen des Todes;
    Weich und wank sind Weisen des Lebens.
Gleich-so:
    Groß und stark ist niedrig,
    Zart und weich ist hoch.

77

Das Dao des Himmels ist wie das Spannen eines Bogens.
Das Hohe drückt es nieder,
das Tiefe emporgehoben,
von Zuviel genommen,
von Zuwenig hinzugefügt.
Das Dao des Himmels mindert das Übermaß,
um das Mindeste aufzuwerten.
Anders das Dao der Menschen:
Es nimmt von den Bedürftigen,
um denen zu geben, die schon zuviel haben.
Wer ist da, sein Zuviel denen im Reich zu geben,
die zu wenig haben?
Nur die, die das Dao haben.
Deswegen: Der Weise unterstützt, ohne Dankbarkeit zu erwarten,
vollendet seine Sache, ohne Verdienst zu verlangen.
Dieses verhält sich so, da er nicht als besser gelten will als andere.

Der Siebenundsiebzigste Spruch

Die Bahn des All ähnelt dem Spannen eines Bogens:
Die Wölbung strecken, die Höhlung füllen;
Ein Zu-viel nehmen, ein Zu-wenig gänzen.
Die Bahn des All:
Überfluß streichen,
Mängel füllen.
Menschliche Weise ist anders:
Streichen wo schon Mangel,
Füllen wo schon Überfluß.
Wer seinen Überfluß der Gemeinschaft weiht, ist in der Bahn.
All-so:
Der Vollendete handelt ohne Tun;
wirkt ohne wirkend zu sein;
entschwindet.

78

In dieser Welt ist nichts weicher und durchlässiger als Wasser.
Und doch gibt es nichts, was es darin übertreffen könnte,
Hartes und Starkes zu durchdringen.
Deshalb gibt es nichts, das seinen Platz einnehmen könnte.
Das Schwache überwindet das Starke,
das Weiche überwindet das Harte –
jeder auf der Welt weiß dies, und doch kann niemand
dieses Wissen in die Tat umsetzen.
Wer die Erniedrigung des Landes auf sich nimmt,
wird ein fähiger Führer genannt,
der die Erd- und Hirseopfer durchzuführen imstande ist.
Wer das Unglück des Reiches auf sich nimmt,
wird ein König genannt, der es verdient,
die Herrschaft über das gesamte Reich zu erlangen.
Klare Aussagen wirken widersprüchlich.

Der Achtundsiebzigste Spruch

Nichts Weicheres, Wankeres in der Welt als Wasser,
Nichts Mächtigeres auch zur Beugung des Starken und Starren;
Unzwingbar weil all-anpassend.
So auch:
    Alle Welt weiß: Schwaches zwingt Starkes,
        Weiches zwingt Starres;
    Doch niemand handelt danach.
All-so der Vollendete spricht:
Wer die Schuld der Gemeinschaft trägt, ist ihr Schützer;
Wer das Unheil der Gemeinschaft trägt, ist ihr Meister:
Unangenehme Wahrheit! ...

79

Wenn zwischen zwei erbitterten Gegnern Frieden einkehrt,
bleibt doch mancher unausgesprochener Groll zurück.
Wie kann diese Situation als gelöst betrachtet werden?
Deshalb: Der Weise nimmt den linken Teil des Schuldscheines,
ohne die Zahlung der Leute einzufordern.
Der wirksame Mensch hält sich an seine Verantwortung.
Der unwirksame Mensch hält sich an die Eintreibung.
Das Dao des Himmels bezieht keine Partei,
es ist immer auf der Seite des guten Menschen.

Der Neunundsiebzigste Spruch

Nach großem Hasse bleibt kleiner Haß:
Nichts verlöscht.
All-so:
  Der Vollendete erfüllet sein Teil;
    Hofft nicht auf andere.
Wer im Rechten-Weg ist, untersteht seinem Müssen;
Wer außerm Rechten-Weg ist, untersteht seinem Wollen.
Die Bahn des All ist Gleichgewichtigkeit.:
In ihr wallen die Guten.

80

Halte das Land klein und dünn besiedelt.
Achte darauf, daß die Leute, auch wenn sie die
Mittel für Kriegsgerät, Truppen und Bataillone haben,
diese nicht einsetzen werden, und auch,
daß sie mit weiten Reisen zurückhaltend sind,
den Tod nicht auf die leichte Schulter nehmen.
Selbst wenn Schiffe und Fuhrwerk vorhanden ist,
werden sie nicht benutzt –
selbst wenn Rüstung und Waffen vorhanden sind,
werden sie nicht zur Schau gestellt.
Erwirke, daß die Leute wieder zur Knotenschrift zurückfinden,
sich an ihrem Essen laben,
sich in ihren Kleidern tuchen,
mit ihrer Behausung zufrieden sind,
und in ihrer Lebensart Glück finden.
Auch wenn Nachbarländer in Sichtweite kommen
und man gegenseitig Hundegebell und Hahnenschreie hört,
werden die Leute des einen Landes alt werden und sterben,
ohne jemals mit denen auf der anderen Seite
Angelegenheiten gehabt zu haben.

Der Achtzigste Spruch

Der Staat klein;
Das Volk zahlreich;
Waffen für zehn bis hundert Mann, doch ohne Gebrauch;
Das Leben lieben;
An der Scholle haften;
Schiffe und Wagen, doch ohne Nutzen;
Rüstzeug zu Schutz und Trutz, doch ohne Zweck;
Rückschritt zu geknoteten Schnüren.
All-so:
    Die Speise schmeckte;
    Das Kleid gefiele;
    Die Wohnung befriedigte;
    Die Sitte wäre sanft.
Und wenn Gemeinden so nahe weilten, daß deutlich zu
        hören Hahnengekräh und Hundegebell:
Man lebe, altere und sterbe, doch beine sich nicht.

81

Wahre Worte sind nicht schön.
Schöne Worte sind nicht wahr.
Gute Worte sind nicht überzeugend.
Überzeugende Worte sind nicht gut.
Wer weiß, ist nicht gelehrt.
Wer gelehrt ist, weiß nicht.
Der Weise häuft nicht an.
Da er alles, was er hat, andern verschenkt,
hat er doch mehr.
Da er alles, was er hat, andern gibt,
ist er doch reicher.
Das Dao des Himmels fördert, ohne zu schaden.
Das Dao des Weisen ist unstreitbare Großzügigkeit.

Der letzte Spruch

Wahres Wort ist unschön;
Schönes Wort ist unwahr.
Wertvoller Mensch ist streitlos;
Streitender Mensch ist wertlos.
Weiser ist ungelehrt;
Gelehrter ist unweise.
Der Vollendete sammelt nicht sein Haben;
  Verschwendet ans Menschliche und erwirbt;
  Schenkt ans Menschliche und wird reich.
Die Bahn des All:
  Ausgleich ohne Kampf.
Die Bahn des Menschen:
  Tat ohne Zwang.

Deklaration der Chinese Daoist Association zur globalen Ökologie

Der Daoismus ist eine indigene Religion Chinas und ein dynamisches Denksystem, das eine der Säulen der chinesischen Kultur darstellt.

Obwohl sich im Laufe der Geschichte viele wesentliche Aspekte der Religionen und Kulturen vermischt haben, hat der Daoismus um so mehr seinen eigenen einmaligen Charakter erhalten.

Die Beziehung der traditionellen chinesischen Kultur mit dem Daoismus ist wie die des Ozeans mit kleineren Seen. Die traditionelle chinesische Kultur entspricht dem Ozean und der Daoismus einem der Seen.

Historisch gesehen hinterläßt der Daoismus eine tiefe und weitreichende Prägung in der Kultur der chinesischen Menschen.

Der Daoismus hat Großartiges zur der chinesischen Kultur und Gesellschaft beigetragen und sich während den letzten zweitausend Jahren fortlaufend weiterentwickelt.

Heute ist der Daoismus eine der fünf lebendigen Religionen in China und gedeiht in vielen Ländern in Ost und West. Tatsächlich hat die wichtige Bedeutung des Daoismus weit über die chinesischen Sprachgrenzen hinausgereicht und spielt damit zunehmend eine globale Rolle. Diese Herausforderungen haben Daoisten ermutigt, ihr Leben der Verbreitung des daoistischen Geistes zu widmen und Kontakte mit Daoisten rund um die Welt zu vertiefen.

Sie haben den Wunsch, die Weisheit des Daoismus zu vermitteln und damit den Menschen zu helfen, ihr Herz zu läutern und ihr Leben zu wandeln.

Der Daoismus hat, wie andere große Weltreligionen, eine religiöse Ideologie, die die daoistische Weltsicht, moralische Grundsätze und die letztendlichen Anliegen widerspiegelt. Der Daoismus birgt durch seine enge Beziehung mit der chinesischen Kultur charakteristische Eigenschaften, die ihn von anderen

Religionen unterscheidet. Zwei dieser wichtigen Eigenschaften werden folgend beschrieben:

Das Achten des Dao und die tiefe Wertschätzung des De

Im Daodejing heißt es: »Das Dao bringt die Dinge hervor. De nährt die Dinge. Materie schenkt den Dingen ihre physische Form. Und die Umstände des Augenblicks ergänzen die Dinge.« Dementsprechend verehren die Daoisten die Zehntausend (unzähligen) Dinge das Dao und pflegen hohe Wertschätzung für De. Dao als das Absolute ist das, was die Daoisten anstreben.

Ein Daoist beruft sich auf Dao, vertraut Dao, kultiviert Dao und praktiziert Dao.

De bezieht sich auf die individuell ausgeprägte Art, wie die Daoistin und der Daoist das Dao praktizieren. Man könnte sagen, daß De die Methode der Ausübung im Leben des Daoisten ist. Infolgedessen wird in dem Maße, wie De vervollkommnet wird, das Dao verwirklicht. Dementsprechend ist Demut oder Respekt gegenüber Dao und die wertschätzende Achtsamkeit gegenüber De das Kernprinzip des Daoismus. Obschon Dao alles hervorbringt und allgegenwärtig ist, kann es weder als Sein noch als Nicht-Sein festgelegt werden: Dao ist für immer »in der Mitte und zwischen« allen Dingen in ihrem kontinuierlichen Prozeß der Wandlung. Wenn Dao eine physische Form annimmt, wird es »Eminenz der höchsten Weite« – *taishang laojun* – der Urahne des Daoismus, genannt. Zu verschiedenen Zeiten erscheint er auf der Erde, um zu heilen und Menschen zu retten. Er läßt dem Volk verlauten: »Wenn du ein Führer bist, solltest du nicht vorhaben, deine Anhänger zu dominieren. Wenn du deine Aktionen auf deine Fähigkeit beziehst, solltest du diese Fähigkeit nicht als von dir selbst auskommend werten.« Diese Worte verkörpern das Wesen eines wirklichen Daoisten. Sie läßt die Myriaden von Dingen und Wesen nach deren inhärenter, aus sich selbst entstehenden Natur (*ziran*) wachsen. Sie läßt die Auswirkungen von Dingen und Gegebenheiten sich nach deren natürlichen Veranlagung vervollkommnen (*benxing*). Sie drängt nicht Selbstbezogenheit oder berechnende Ideen auf. Das Fundament der daoistischen Lehre ist Natürlichkeit (*ziran*) und Nicht-Intervention (*wuwei*) – das Prinzip des Dao. Dieses Prinzip schließt Klarheit, Gelassenheit und Einfachheit wie auch Nachgeben und Nicht-Streitlust mit ein – dies ist der Geist der Demut und Leere, wie er durch die Metapher des Tales ausgedrückt wird. Der Schoß des Dao ist wie ein großer Ozean dazu in der Lage, unzählige Dinge und Wesen zu hegen und Hunderte Flüsse zu verbinden. Obschon der Ozean tief liegt, nutzt er der Vielzahl der Dinge.

Der Geist des Dao findet sich in Barmherzigkeit und Mäßigung: »Er wagt es nicht, der Welt vorzustehen.«

Dies sind schöne und noble Werte, die alle Daoisten idealerweise respektieren, verehren und zunehmend verkörpern.

Der Weg der Unsterblichkeit (Xiandao) – Hochachtung des Lebensprinzips

In der daoistischen Schrift der Erlösung (*durenjing*) heißt es:

> Der Weg der Unsterblichkeit schenkt dem Leben höchste Wertschätzung; das Rezitieren dieser heiligen Schrift kann unzählig viele Menschen erlösen.

Daoisten vermitteln Unsterblichkeit. Sie erstreben langes Leben und vermindern damit den Tod. Sie bewundern ein Leben des sorgenfreien Wanderns und die Freiheit des Vogels. Ihr höchstes Anliegen ist es, ihr Leben und ihre Wesenskräfte zur Einheit zu entfalten im Dao – der Weg der Unsterblichkeit – (*xiandao*).

Dies ist der Grund, warum Daoisten das Leben als höchstes Prinzip achten auf der Welt. Sie möchten ein hohes Alter erreichen, üben sich in der aufmerksamen Sicht als eine Form der Meditation.

Zhang Daoling, ein Patriarch des Daoismus ließ verlauten:

> Weil das Leben eine besondere Manifestation des Dao in der Welt ist, bewirkt die Kultivierung des Dao die Kultivierung des Lebens.

Dies ist der Grund, warum der Weg der Unsterblichkeit dem Leben eine hohe Wertschätzung zumißt und warum Daoisten hierin die grundslegende Basis ihres Wirkens sehen.

Während sie diesem Leitfaden der Wertschätzung des Lebensprinzips folgten, haben die daoistischen Weisen in der Geschichte ununterbrochen an der Kultivierung des Lebens experimentiert.

Ihre Übungspraxis hat die Korrektheit der folgenden Aussage bestätigt:

> Mein Leben hängt von mir selbst ab, es gestaltet sich vollumfänglich nach meiner Kultivierung.

Durch die Diätvorschriften der Selbst-Kultivierung können Menschen die Fülle körperlicher und mentaler Gesundheit erfahren; sie können die Frucht der Unsterblichkeit im daoistischen Sinne erfahren. Diese Art der Selbst-Kultivierung beinhaltet gleichermaßen die Kultivierung des Charakters oder Geistes wie auch die Kultivierung des Körpers.

Kultivierung des Charakters oder Geistes beinhaltet die Übungspraxis der Intention durch die Neutralisierung von selbsteingenommenen Ideen und Wunschvorstellungen der Selbstbereicherung, wie auch durch gute Taten und das Summieren von verdienstvollen Handlungen.

Zu guter Letzt stellt die Adeptin mit Freude fest, wie ihr Charakter und ihr Wesen in Harmonie mit dem Wesen und den Empfindungen des Dao gelangt.

Sie nimmt wahr, wie sich ihr Charakter zunehmend verfeinert und wie sie sich zu einer Persönlichkeit mit hohen ethischen Werten entwickelt.

Im Daoismus heißt es, daß die Kultivierung des Dao auf der Kultivierung des De beruht. Dementsprechend ist die Kultivierung des De die Grundlage moralischer Entfaltung. Dieses wiederum bedeutet, daß die Kultivierung des Körpers auf der Kultivierung des Charakters und Geistes beruht. Daoisten steht es frei, eine Lebensphilosophie und Kultivierungsmethode zu wählen, soweit diese mit den essentiellen Lehren des Daoismus vereinbar ist. Grundsätzlich beinhalten die Lehren einer Daoistin die Kultivierung der Essenz (*jing*), des Atems (*qi*) und der seelischen Kräfte (*shen*), um sicherzustellen, daß diese drei körperlichen Schätze fortwährend blühen und nicht versiegen.

Durch die Kultivierung des Körpers beginnt die Adeptin, ihre drei »nach-himmlischen« (*houtian*) Sphären in die »vor-himmlische« (*xiantian*) Form zu läutern.

In der daoistischen Terminologie wird dieser Umkehrungsprozeß »Rückkehr des Körpers zum Zustand des Kleinkindes« genannt.

Viele Experimente habe gezeigt, daß die daoistische Kultivierung des Körpers nicht nur die Langlebigkeit fördert sondern auch jungendliche Energie.

Auf jeden Fall setzt diese Kultivierung des Körpers ein ganzheitliches ökologisches Umfeld als äußere Bedingung voraus.

Im Globalisierungsprozeß den Charakter der Spontaneität (ziran) und der Natürlichkeit (benxing) wahren

Im 25. Kapitel des Daodejing heißt es:

> Die Menschheit gestaltet sich nach der Erde. Die Erde gestaltet sich aus dem Himmel. Der Himmel gestaltet sich aus dem Dao.

Im 35. Kapitel heißt es:

> Harmonie zu kennen, bedeutet, mit dem Ewigen (Dao) zu sein.

Im 44. Kapitel heißt es:

> Wer weiß, wann es genug ist, bleibt frei von Gefahr. Wer zufrieden ist, mit dem wird man zufrieden sein.

Seit die Menschen rund um die Welt sich einer ökologischen Krise gegenübersehen, wird ihnen immer bewußter, daß die den Umweltschutz betreffenden Probleme, nicht alleine aus Industrieverschmutzung und technologischem Fortschritt resultieren. Vielmehr entstehen diese Probleme auch aus den Weltanschauungen, den Werten oder den Theorien des Wissens. Dies verhält sich so, da die mächtige industrielle und technologische Expansion auf der ganzen Welt auch Wertesysteme und Theorien des Wissen generiert, die die Ideen der Menschen und damit die Welt beeinflussen. Diese Ideen haben die Gedankenmuster der Menschen konditioniert und eine Trennung im Geiste verursacht, die Trennung der Einheit von Mensch und Natur. Diese Gedankenmuster von vielen heutigen

Menschen überzeichnen den subjektiven Willen, verursachen, daß Menschen denken, die Natur könnte den Wünschen der Menschen untergeordnet werden und die Natur würde nie auf diese Umstände reagieren.

Obwohl diese gegenwärtigen Denkmuster auf der ganzen Welt einen hohen Grad an sozialer Produktivität bewirkt haben, haben sie der Menschheit auch ein höchst aufgeblasenen Selbstbild beschert. Daoisten glauben, daß dieses aufgeblasene Selbstbild eine wichtige Ursache der ernsten ökologischen Krise darstellt, der sich die moderne Welt stellen muß.

Heute, wo wir uns der Möglichkeit der Zerstörung der Welt gegenübersehen, sollten wir sorgfältig überprüfen, wie die vorherrschenden Denkmuster mit der gegenwärtigen Weltlage zusammenhängen.

Wir glauben, daß die altüberlieferten Lehren des Daoismus tiefgreifend dazu in der Lage sind, die von den gegenwärtigen ethischen Theorien hervorgerufenen Mängel zu beheben. Laut daoistischer Überlieferung, sind Himmel, Erde, die Menschheit und alle Dinge und Wesen im Universum, seien es Vögel, Tiere, Insekten, Bäume, Gras und alle anderen existierenden Wesen, aus der Transformation des Atems des Dao (*daoqi*) hervorgegangen.

Der Atem des Dao läßt verschiedenartige Dinge entstehen, indem aus ihm verschiedene Intensitäten von klarem und trübem Atem erzeugt werden. Das Resultat ist eine Vielzahl von existierenden Dingen in der Welt. Der Mensch, der aus einer Mischung von himmlischem und irdischem Atem konstituiert ist, gilt als das spirituellste und intelligenteste Wesen unter den Myriaden von Dingen im Universum (Dao, Himmel, Erde, Menschheit). Wie könnte die Menschheit sinnvoll mit den Myriaden (Zehntausend) Dingen im Universum umgehen? Laßt uns zum altehrwürdigen Daodejing zurückkehren, um die Antwort zu finden.

Indem diese Schrift darauf hinweist, daß Dao sich durch die Natürlichkeit gestaltet, folgt daraus, daß die Menschen sich nach der Erde gestalten sollen, die sie bewohnen. In derselben Weise bedeutet »die Erde gestaltet sich nach dem (im) Himmel«, daß dies im Einklang mit den Wandlungen des Universums geschieht. Schließlich bedeutet »der Himmel gestaltet sich in der Natürlichkeit«, daß dies in der Bewegung der Natur, spontan agierend, aus sich selbst heraus (*ziran*) geschieht. Daraus folgt, daß die Menschen nicht Erfindungen verwenden sollen, um die spontane Art der Natur zu zwingen, den menschlichen Wünschen zu entsprechen. Wir Menschen sollten die spontane Art des Nicht-Eingreifens (*wuwei*) nähren – »Dao gestaltet sich in der Natürlichkeit« – im innersten Kern unseres Herzens, ununterbrochen. Auf diese Weise können wir die globale ökologische Krise überwinden. Und wenn diese Probleme der Umwelt gelöst sind, ist das Wohlergehen der Menschheit gesichert.

Die Eminenz der höchsten Höhe (*taishang laojun*) überläßt es uns, die Lehre der Spontaneität (*ziran*) nachzuvollziehen. Diese ist Nicht-Absicht (*wuwei*) – offenbart durch die Natur.

Eine andere Weisheit des Daoismus, die Beziehung des Menschen mit der Natur betreffend, lautet:

Mit dem Ewigen (Dao) in Einklang zu sein, heißt erleuchtet zu sein. Das Ewige kennen, bedeutet Erleuchtung.

In enger Beziehung dazu heißt es:

> Das Ewige (Dao) nicht zu kennen bedeutet, blindlings zu handeln und führt ins Verderben.

Jetzt können wir dazu übergehen, diese daoistischen Weisheiten auf ökologische Anliegen zu beziehen. So streicht »in Einklang mit dem Ewigen (Dao) bedeutet Erleuchtung« hervor, daß die Myriaden von Dingen auf Erden miteinander verbunden und damit zusammenhängend sind, und daß die Menschen einen harmonischen Umgang mit den Dingen anstreben sollen, um gesund ein hohes Alter zu erreichen.

Der Daoismus bestätigt, daß jedes der Myriaden von Dingen und Wesen die Polarität von Yin und Yang beinhaltet und Leben daraus nur entstehen kann, wenn sich die Yin- und Yang-Anteile in einer gegenseitigen Wechselbeziehung befinden. Mit anderen Worten hängt Existenzfähigkeit von Leben von der gegenseitigen Harmonie von Yin und Yang all der Dinge ab.

Dies bedeutet auch, daß die fortlaufende Entwicklung der Weltzivilisation von den harmonischen Beziehungsmustern aller Dinge untereinander abhängt. Menschen, die dieses Prinzip verstehen, kann man weise nennen.

Auf der anderen Seite verstoßen Menschen, die diese Prinzipien nicht verstehen oder sie verletzen, indem sie diese Weisheit durch menschliche Erfindungen widerlegen wollen, die Gesetze der Natur brechen, durch künstliche Anliegen eine Art ausrotten oder die Überproduktion einer spezifischen Art von Dingen vertreten, gegen die Prinzipien des Dao.

Der daoistische Klassiker »Meister der die Einfachheit umarmt« (*baopuzi*), eine Schrift des 4. Jht. n. Z., unterscheidet bezüglich ihrer Beziehung zur Natur zwischen zwei Arten von Menschen: Der eine Typus wird »die die Myriaden von Dingen versklaven« und der andere wird »die im Einklang mit der Natur« genannt.

Weiter heißt es, daß Dao, aus dem die Myriaden von Dingen spontan hervorgehen, die Menschen als die intelligentesten aller Wesen auf Erden hervorbringt. Diejenigen, die nur ein künstliches Verständnis um die Beziehung von Mensch und Natur haben, zählen zu denen, die »die Myriaden von Dingen versklaven«. Sie wollen die Natur vollständig unterjochen. Auf der anderen Seite sind die Menschen, die eine tiefe Einsicht in das Mysterium der Beziehungsmuster zwischen Mensch und Natur haben.

Daoisten sind Freunde der Natur, ziehen, durch beobachtende Meditation und fokussierende Kontemplation, ihre Erkenntnis der Langlebigkeit aus ihr.

Da diese Menschen in einer tiefen Verwandtschaft mit der Natur stehen, haben sie die Erkenntnis gewonnen, daß die Schildkröte und der Kranich ein langes Leben zu führen pflegen. So übernehmen die Daoisten die vitalisierenden Methoden der Schildkröte und des Kranichs, um ihre eigene Physis zu vervollkommnen.

Aus einer langfristigen Perspektive betrachtet, kann der Mißbrauch an der Natur zu Verheerungen der natürlichen Umwelt führen. Kapitel 6 des *baopuzi* bietet uns dazu folgende Passage an:

> Fliegende Vögel werden mit Schleudern heruntergeschossen,
> die Gebärenden aufgescheucht und ihre Eier aufgebrochen.
> Wenn im Frühling und Sommer mit Waffen gejagt ...
> Jede dieser zerstörerischen Handlungen entspricht einem Vergehen,
> uns je nach dem wie schwer es wiegt,
> wird die Verwaltung des Schicksals
> Einheiten des Lebens verkürzen.

Ein Mensch stirbt, wenn keine der Lebenseinheiten mehr übrig ist.
Andererseits wird jemand, der die Dinge mit Achtung behandelt,
anderen vergibt, wie er sich wünscht, daß ihm andere vergeben,
wenn er selbst zu kriechenden Insekten großherzig ist ...
keine lebenden Dinge verletzt ...
So wird jemand ein Mensch hoher Tugend und vom Himmel gesegnet.
Seine Vorhaben werden gelingen und sein Wunsch nach Unsterblichkeit erfüllt.
Gedeihen und langes Leben berühren, wer seine Liebe den Myriaden
von Dingen und Wesen in der Natur schenkt.

Die Passage, »Der weiß, wann es genug ist, ist frei von Gefahr. Wer zufrieden ist, mit dem ist man zufrieden«, ist bedeutend für die ökologische Ethik. »Der weiß, wann es genug ist, ist frei von Gefahr« erinnert an die Tatsache, daß es Grenzen gibt, wie weit der Mensch in die Natur eingreifen darf. Diese Feststellung ruft zur Zurückhaltung gegenüber jedwelcher Handlung auf, die die ökologische Balance beeinträchtigen könnte, selbst wenn dabei ein schneller Profit gemacht werden kann. Auf diese Weise können wir die Vergeltung der Natur verhindern, langfristigem Verderben durch kurzfristige Gewinne vorbeugen, den Verlust alles Erreichten vermeiden. »Wer zufrieden ist, wird keinen Verlust erfahren«, bedeutet, daß die Menschen ein korrektes Verständnis entwickeln sollten, was Erfolg bedeutet.

Wir sollten erkennen, daß das Vermeiden von Überproduktionen der natürlichen Ressourcen nicht zwangsläufig zu unrentablen Geschäften führt. Die Schrift des großen Friedens »taipingjing« beinhaltet eine Passage, die die Wichtigkeit der Erhaltung der natürlichen Ressourcen zur Entwicklung von Wohlstand ausdrückt. Es wird dort vorgeschlagen, daß das Kriterium des Wohlstandes davon abhängt, inwiefern die Gesellschaft fähig ist, alle Arten von Wesen und Dingen in der Natur in ihrer Entfaltung zu schützen. In dieser Passage heißt es:

Der weise König lehrt die Menschen, den Himmel zu unterstützen,
Dinge und Wesen hervorzubringen, und die Erde zu unterstützen,

die Dinge und Wesen zu nähren, ihre ureigenen Eigenschaften zu formen.

Wohlstand setzt voraus, daß die lebendigen Dinge und Wesen unter dem Himmel und auf der Welt wachsen und blühen können:

Im Altertum, während der Höheren-August-Periode, weil 12.000 Arten von lebenden Wesen und Dingen wachsen und blühen, nennt man sie die Ära des Wohlstandes.

Während der Mittleren-August-Periode, da die lebendigen Dinge und Wesen weniger als 12.000 Arten umfassen, wird sie die Ära der kleinen Armut genannt.

Während der Tiefen-August-Periode, weil die Anzahl der lebenden Wesen und Dinge weniger als während der Mittleren-August-Periode betragen, wird Ära der großen Armut genannt.

Wenn das Qi der August-Periode fortwährend weniger Arten von Wesen und Dingen hervorbringt und keine guten Omen erscheinen, die auf ein Wachstum von guten Dingen hinweisen, wird die folgende Ära eine extremer Armut.

Der obigen Passage folgend liegt der Grund, warum alle Dinge in der Hohen-August-Periode gedeihen, darin, weil die Erde ihr gemäß genährt und nicht durch Menschen verletzt wird. Andererseits gedeihen in der Tiefen-August-Periode weniger Arten, da die Erde nicht naturgemäß genährt und durch ihre Bewohner ernsthaft verletzt wurde.

Aus der Perspektive des weisen Königs kann der Aufschwung eines wohlständigen Landes als gesichert gelten, wenn er dazu in der Lage ist, die Myriaden von Dingen gedeihen und blühen zu lassen.

Andererseits scheint es vorhersehbar, daß sein Reich auf dem Weg zum Niedergang begriffen ist, wenn die Hälfte der Dinge in der Natur verletzt worden sind.

Die Einsicht des »taipingjing«, daß die Erhaltung der Wesen und Arten ein Kriterium des Wohlstandes darstellt, ist ein echter Beitrag zur Ethik des ökologischen Gedankengutes.

Wir glauben, daß das Dao und das Prinzip der Spontaneität und des Nicht-Eingreifens (*ziran* und *wuwei*) die fundamentale daoistische Lehre darstellt. Dieses und viele andere daoistische Konzepte bieten der gegenwärtigen Welt fruchtbare Schlußfolgerungen.

Wir hoffen, daß die vielfältigen Ideen der verschiedenen Weltreligionen, die der Menschheit im besten Sinne Fortschritt versprechen, sowohl die Aufmerksamkeit von religiösen wie auch von nichtreligiösen Menschen wecken wird.

Diese Verständnis eines gemeinsamen Fundamentes vorausgesetzt, kann ein harmonisches Miteinander des Menschen und seiner Umwelt, des Menschen mit seiner Gesellschaft und unter den Gruppierungen von Menschen untereinander erreicht werden.

Projekte und Pläne

Daoistische Lehre und Regeln der Disziplin münden gleichermaßen in Prinzipien, die zum Ziel haben, die Natur in ihrem umfassenden Zusammenhang zu schützen. So haben daoistische Einsiedler in China das Anliegen, ihre ökologischen Projekte weiterzuführen und zu intensivieren. Seit vielen Jahren haben die chinesischen Daoisten in der Umgebung ihrer Ensiedeleien und im Rahmen ihrer beschränkten Möglichkeiten sich dazu verpflichtet, Bäume und Früchte zu schützen, Wälder zu unterhalten und wieder aufzuforsten, die Kultur der Einsiedeleien und ihre Relikte zu überliefern und zu erhalten wie auch zahlreiche andere ökologische Aktivitäten. Sie verlassen außerdem die Gefielde ihrer Einsiedeleien, um mit Anhängern des Daoismus vertiefende Beziehungen zu pflegen.

Dabei nehmen sie sich die Zeit, mit den Gemeinden von daoistischen Laien zu sprechen, die Wichtigkeit des Schutzes von Bäumen, Wäldern und Bergen zu betonen und die Beziehung zwischen der daoistischen Lehre und der Natur – alle Wesen mit eingeschlossen – zu erläutern. Sie helfen ihren Anhängern, die Einheit der Kreativität des Dao mit dem Überleben der Menschheit schätzenzulernen.

Daoisten denken, daß sie in den Herzen ihrer Gemeinden die Samen der ökologischen Verantwortung und deren Umsetzung gepflanzt haben.

Beispielsweise hat ein daoistischer Meister des Donnergottberges (*leishenshan*) im Bezirk Baoji der Provinz Shaanxi während mehrerer Jahrzehnte mit seinen Schülern über 800 mu (ca. 530 qkm) Bäume und Wälder wieder aufgeforstet. Durch diese Arbeit ist er in der Region beliebt geworden. Da ist auch eine daoistische Gemeinde, die mit der benachbarten Einsiedelei von Wudang, Kreis Yudu, Provinz Qinghai, verbunden ist. Im Verlauf eines Jahrzehnts haben sie die nackten Berge der Umgebung in Grün getaucht, indem sie wieder Bäume, Büsche und Gräser angepflanzt haben. Auch diese Gemeinde hat für ihre Umgebung Großartiges geleistet. Da ist auch ein älterer daoistischer Meister in der Provinz Yunnan, der sich über sechzig Jahre seines Lebens der Kultivierung und Pflege der seltenen Pflanze, die von den Botanikern »lebendes Fossil« genannt wird, der sogenannten »kahlen Fichte« (*tushan*) verschrieben hat. Diese Arbeit wurde von der staatlichen Stelle für Waldwesen der Provinz Yunnan anerkannt. Taten dieser Art sind zu zahlreich, um sie hier alle zu erwähnen. Die Umwelt betreffende Anliegen sind eine daoistische Tradition und verdienen vermehrte Unterstützung. Aus diesem Grund hat die Chinese Daoist Association 1993 eine nationale Konferenz zur Ökologie veranstaltet, während der alle Anhänger des Daoismus ermutigt wurden, Bäume zu pflanzen und Wälder wieder aufzuforsten, die natürliche Umwelt zu verschönern und sich für soziale Unterstützungsprojekte zu engagieren.

Die daoistische ökologische Agenda der nahen Zukunft beinhaltet Projekte, die die Unterweisung zu den Prinzipien der Spontaneität (*ziran*) und der Nicht-Absicht (*wuwei*) der Menschen fördern, um ihnen dabei zu helfen, ihr Leben zu transformieren. Dies ist eine Strategie, die zur Verbreitung des Umweltschutzes dient. Sie beinhaltet auch die heilige Aufgabe der Kooperation mit der Weltgemeinschaft zur Erreichung von Harmonie mit der Umwelt.

Dies ist eine von Zhang Jiyu verfaßte Deklaration der Chinese Daoist Association. Nicht wiedergegeben werden ausführlich beschriebene Punkte, zu denen jeder Daoist sich bekennen soll. Zusammengefaßt sind dies: der friedvolle Umgang mit der Natur und den Menschen, die Achtung der Menschenwürde, die aktive Unterstützung von Heilungsprozessen im Weltgefüge und die Errichtung von exemplarisch umgesetzten Ökoprojekten in großen bekannten Bergklöstern sowie das Errichten von Paradiesen der Unsterblichen, blühenden Oasen des spirituellen Wachstums im Einklang mit der Natur.

Tatsächlich ist dem Autor dieses Buches während den letzten Jahren ein Fortschritt in der Handhabung kleiner aber eminent wichtiger ökologischer Handlungsmuster in den Bergklöstern aufgefallen. Anfang der Neunzigerjahre beispielsweise wurde in Klöstern täglich Bauplastik in den heiligen Weihrauchbehältern verbrannt, giftige Abgase entstanden in den heiligen Gebirgen. Heute haben sich, für den Wanderer vielleicht nicht erkennbare, über Jahrzehnte gesehen aber doch sehr entscheidende Umdenkprozesse im chinesischen Umweltdenken durchgesetzt. Zhang Jiyu geht zum Schluß der Deklaration auch darauf ein, wie etwa in den für die daoistische Religion bedeutenden Klöstern der Qingshen-Berge und der Hua-Berge Studien in Auftrag gegeben wurden, die die ökologische Situation dieser heiligen Gebirge kritisch durchleuchten. Tatsächlich ist dies dringend notwendig, der Autor kann das aus eigener Erfahrung bestätigen. Außerdem sind seit der Publikation verschiedene Allianzen mit interreligiösen Gesellschaften entstanden. Zhang Jiyu, der die Chinese Daoist Association vertritt, wünscht der Welt letztlich, sich zu einer harmonischen Einheit zu entwickeln. Zhang Jiyu stammt vom Patriarchen Zhang Daoling des Ur-Daoimus der Himmelsmeister-Tradition »tianshidao« ab und repräsentiert diese in der 65. Generation.

Die Frucht von all diesen vielen Priestern der daoistischen Religion in China, die hier von Zhang Jiyu dargestellt worden sind, lassen sich in einer immer klareren Ausrichtung der chinesischen Regierung zu Beginn des 3. Jahrtausends erkennen. China bekennt sich zunehmend zur Nicht-Intervention und zu einer ökologischen Reform, die für die nächsten Jahrzehnte einen beispiellosen Kraftakt dieses Landes bedeutet. Die Führung des Reiches der Mitte hat erkannt, daß dies der einzige gangbare Weg ist. Es ist ihm und mit ihm dem gesamten Globus die kreative Spontaneität zu wünschen, die auch die kulturellen Eigenständigkeiten der Regionen erhält, die zu einer wahrhaften Einheit des Vielvölkerbundes führen kann.

Der dunkle Drache

Gravitation umgedreht
Licht verborgen
Strahlkraft unermessen
Körper unfaßbar
Dichte weicher
Dunkelheit geborgen
Schall urbestimmt
Unendlich dunkles Wasser
Ozean noch ungeboren
Stunde nicht gezählt
Raum uneingeschränkt
Mutter aller Drachen
Quelle der Geburt
Wurzel der Form
Urgrund der Sterne
Chaos Dein Rhythmus
Daher ordnend die Wesen
Die alle schwimmen in Deinem Schoß
Dein linkes Auge die Sonne
Rechtes Auge der Mond
Schaust die Erde
Die Sterne – Dein Haar
Deinem Schoß erwachsen Planeten
Aus unsichtbar vielleicht sichtbar
Aus dem Hauch Deines Atems gezeugt
Dein Ausatmen öffnet Pforten
Galaxien erstehen
Dein Einatmen sammelt Sonnen und Kräfte
In Deinem Traum
Ozean des Alls
Zyklus des Ungeborenen
Vagina des Kosmos
Gebärmutter der Galaxien

Wer könnte Dich wirklich beschreiben
In Deinem Bauch gären die Drei-Einen
Die Drei Schätze, die wechseln die Dinge
Die Drei Wunder, die erschaffen die Welten
Die Drei Wesen, die bestimmen Raum und Zeit
Die Drei Blüten, die bestäuben die Wesen
Die Drei Ursprünge, die gebären die Neun Himmel
Die Drei Prinzipien, die zeugen das Kind
Die Einheit der Triade, die zusammenfügt das All
Die Triade der Zyklen, die das Leben und Sterben erwirken
Das Rad der Triade, das sich dreht und dreht und dreht
Die Gebärmutter des Alls
Sternendrachen unendlich
Wurzel und Quelle
Chaos der Schöpfung
Wasser

Der Morgentau

Aus dem Tautropfen, Gerüche und Geräusche, Farben und Formen der Morgendämmerung vereinend, wächst der Drache in perlmuttenem Schimmer, dringt ein in Blätter und Wurzeln, Rinde und Käfer, Pilze und Gräser.

Der Tautropfen trinkt die ersten Strahlen, die jüngsten Kinder der Sonne, sammelt in sich den Regenbogen, läßt die Farben der Welt sich wandelnd vereinen.

Steigt in die Höhen der Wipfel und die Tiefen der Wurzeln.

Im Tautropfen schlummert der Drache der Früh – sammelt die Essenzen von Himmel und Erde, der Farben und Formen, geht den Weg der Strahlen in die Sonne und trinkt sie.

Der Drache der Früh beginnt mitten in der Nacht einzuatmen, mit ihm atmet die gesamte Erde ein – der kosmische Atemzug, der bis zur Mittagsstunde dauert.

Aus diesem Grunde nutzen viele Wesen das Einatmen des Drachen, um mit ihm zusammen den essentiellen Atem des Kosmos einzuatmen und damit diesen lebensspendenden Nektar aufzunehmen.

Der regenbogene Morgentau verzaubert die Wesen der Erde zu neuem Leben, das mit dem ersten Sonnenstrahl jeden Morgen aus dem Schlaf der Nacht von neuem beginnt.

Jeder Morgen und jeder Moment ist eine Wiedergeburt, die wir wahrnehmen, wenn wir die Wandlung des Seins umarmen.

Der Drache der Früh steigt aus den Tiefen, wo er sich im unsichtbaren Dunkel geläutert.

Der Drache der Früh schimmert wie der sich in allen Wesen spiegelnde Regenbogen des Morgens – alles Sein vereinend – die erneuernde Einheit allen Seins nährend in fließender Wandlung – jeden Fels und jedes Eis durchdringend – aus dem Unnennbaren entsprungen – schenkt er dem Leben den Atem.

Der Drache der Früh sammelt sich vielleicht im Tautropfen, wo er sich aus dem Nichts ins Alles ausdehnt, vom Tautropfen zum sanft antreibenden Hauch sich entfaltet, den jedes Wesen, jeder Stein am Morgen einatmet und wächst.

Das Ei

Ist in der Unendlichkeit vor allem Anbeginn eine zarte Erscheinung wie der regenbogene Tautropfen, zeugt der Kosmos vielleicht ein Ei.

Das Ei schimmert sanft vor Raum und Zeit, zart und fein leuchtet es.

Das Ei leuchtet irgendwann vielleicht in allen Farben.

Wolken von Rot, Blau, Purpur, Weiß, Gelb und Grün kreisen sich laufend verwandelnd und dampfend, doch ohne Hitze, Kälte oder Druck – klar und leuchtend wie Kristall oder Rubin.

Das Ei inmitten der Unendlichkeit – von überirdischen Farben durchdrungen, jenseits oder vor dem Raum und der Zeit.

Das Ei atmet die Einheit – die Einheit atmet das Ei.

Bis der Donner mit rollendem Gewand schenkt dem Ei die Mitte der Gravität.

Ein goldenes Gelb erleuchtet schüchtern und doch alldurchdringend in dem Ei.

So ist das goldene Ei inmitten des Nichts, es ist golden schimmernd.

Vielleicht ist das Ei so bis in alle Ewigkeit, wenn es ist – vielleicht wird das Nichts von einem Blitz derart jäh durchdrungen, daß der Lichtstrahl gleißend und doch sanft in das goldene Ei dringt.

Das Ei beginnt sich sanft zu drehen – Goldene Wolken strömen aus dem Ei und dehnen sich kreisend aus – ganz von selbst und spontan.

Das Ei dreht sich unaufhörlich – Wolken von purem Licht ziehen sich in Spiralen kreisend in den sich bildenden Raum.

Immer weiter und größer – immer näher und kleiner.

Die Farben wandeln fein schimmernd durch alle Spektren zu einem verdichteten Purpur und zyklisch wieder zurück zum hellen und klaren Gold – unendlich weit und auch unendlich nah, sanft und alldurchwirkend.

Vielleicht ist dies das erste Stadium der Entstehung des kosmischen Atems der Einheit.

Eins und doch noch gar nicht Eins, wer könnte dieses zählen.

Vielleicht ist dies die Geburt des Vorgeburtlichen.

Des Drachen des Urbeginns.
Des Ur-Drachen.
Des Vorgeburtlichen Drachen.
Wer könnte dieses in Worte fassen, ich finde kaum die Worte.
Des Anbeginns der Wandlung.
Der Wandlung des Chaos.
Aus der Schöpfung des Chaos.
Aus dem Ur-Chaos der Schöpfung.
Dem Chaos – Einheit allen Seins und Nichtseins – Mutter und Quelle des Kosmos.
Das Unsichtbare, Unnennbare, Chaos, Schöpfung, Wurzel, Quelle öffnet das Tor zur Geburt des Seins.
Sie ist vielleicht die unendliche Gebärmutter des Kosmos.
Das Mysterium der Geburt.
Der Blitz befruchtet das Ei – woher der Blitz stammt, ist nicht zu erklären, vielleicht aus dem Ei selbst?
Der Drache, das Wesen der uranfänglichen Einheit, des uranfänglichen vorgeburtlichen schöpferischen Chaos, wächst aus dem Ei – umspannt mit seinen unendlichen Flügeln zart den Raum vor dem sichtbaren Raum und die Zeit vor der zählbaren Zeit, die Zeit und den Raum vor der Geburt des Greifbaren – Meßbaren.
Dieses kosmische Urwesen stellen wir uns überall auf der Welt als gefiederten Lichtmenschen vor, ursprünglich aus dem sinnbildlichen Ei geboren.
Unberührt von Zeit und Raum.
Unendlich groß – unendlich klein.
Unendlich nah – unendlich fern.
Vielleicht das erste Prinzip des Chaos, der Wandlung, der Schöpfung.
Warum einzelne Menschen dieses Ur-Wesen, diesen Drachen, Ur-Engel, diese Wandlung, dieses schöpferische Chaos sinnlos zu bändigen, zu besiegen oder zu töten versuchen, ist ein anderes Mysterium.

Denn es läßt sich weder bändigen, noch besiegen, noch töten.
Denn vielleicht ist es, woraus alles Sichtbare und alles Greifbare geboren ist.
Woraus jeder Lebensraum entsteht.
Wo Atem möglich wird.
Wo Farbe möglich wird.
Wo Licht und Schatten möglich wird.
Aus dem Einen Urprinzip.

Den Ahnen

Sterne und Berge, Stein und Blume
unendliche Geschlechter von Wesen
sind Zeugen der Gegenwart unzähliger Generationen
Generationen von Wandlung
Generationen von Läuterung
Generationen von Vervollkommnung
Generationen von Existenz
Aufgerührt durch die Schöpfung des Chaos
Durch die unendliche Mutation
Der Drache der Ahnen durch alle Formen und
Wesen gehaucht der Atem der zyklischen Erneuerung
Jede Geburt ein Kraftakt der Ahnen
Linien von Zeit und Raum durchzogen
Den einen Atem der Heimat des Stammes
Der Stamm und die Wurzel der Familie
Fest in Raum verankert und doch fließend
Mit jeder Geburt wieder erfrischt
Durch das Andenken niemals erlöscht
Die Flamme der Ahnen
Urahn des Stammes von Stein, von Tier
Von Stern, von Mensch und unzähliger Arten von Wesen
Der Urahn der Menschen ist Eins
Der Urahn der Tiere ist Eins
Der Urahn der Sterne ist Eins
Der Urahn der Berge ist Eins
Der Urahn der Universen ist Eins
Der Urahn des Körpers ist Eins
Der Urahn des Körperlosen ist Eins
Der Urahn des Urahnen ist jenseits von Namen
Wir nennen sie die Quelle
Oder wir versuchen nicht sie zu benennen.

Der Berg

Die Berge, in der Tiefe verbunden durch die dunklen Gewässer der Kristalle, stützen den Himmel und öffnen den Raum, befruchten die Luft mit den Essenzen der Gestirne.

Der Geist des Berges, er beherbergt unzählige Geschichten von Ahnen und Seelen, von Zeiten und Sagen, die Wesen der Höhe und der Tiefe.

Der Berg, er schützt die Schätze der Welt, die Schätze der Natur, die für die meisten Menschen der Niederungen unsichtbar geworden.

Aus Atemkräften des Kosmos geschaffen, lebt der Berg im Wesen der Ur-Ahnen. In seinem Innern verbirgt er die Umwandlung unzähliger Wesen, Wesen, deren Existenz den Kreislauf der Natur erhalten.

Der Berg, er lebt im Rhythmus des Kosmos, empfängt den Atem der Sterne und verteilt ihn in einem feinen Netz über die Erde.

Die Berge sind alle verbunden und sprechen auch durch die Sprache des dunklen Wassers.

Tief im Berg, im strömenden Untergrund der Tiefe, inmitten einer verborgenen Grotte, hat er sich während zehntausend Jahren geläutert. Geläutert, indem er immer tiefer sinkt, dadurch immer klarer geworden, der Tautropfen, nachdem er immer klarer, nachdem er pur geworden, nachdem er draußen im Sonnenlicht verdunstet zur Wolke wurde; zum roten Drachen der Abenddämmerung – darauf durch die Weiten wandelte und, von Blitz und Donner entzündet, darniederfiel – der Tautropfen des Morgens – nach unzähligen Bildern, nach vielen Leben nun reif für die Läuterung der Tiefe.

Als Regentropfen nun benetzt und tränkt er die Erde, sinkt Schicht um Schicht durch deren Haut in die Tiefe, je tiefer gesunken, um so klarer geworden – in endlosem Ruhen versunken.

In der verborgensten Grotte verwandelt er sich in das Mark des Berges – fließender Kristall – den Drachen des Berges ernährend, verwandelt er sich zunehmend in den Drachenkörper – aufströmend in die Höh, in einer Spirale von der Gravitation des Kosmos hinaufgezogen.

Je höher es strebt, um so lichter dampfend – zusammen mit unzähligen Substanzen und Wesenheiten die Einheit des inneren Körpers des Drachens konstituierend.

Während Äonen verdichtet sich die aufwindende Spirale des Berges und dringt an die Oberfläche – Vergangenheit wandelt in Zukunft – Zukunft in Vergangenheit – der Moment des Augenblicks verwandelt Zeit und Raum in einer einzigen permanenten Zündung – der Drache steigt empor in die Lüfte, sein Bruder der Donner begleitet ihn – gemeinsam erkunden sie den Ozean des Himmels und befruchten die Vielheit in Einheit.

Nicht selten leben Eremiten mit dem Drachen des Berges, so einen sich diese Priester des kosmischen Pfades in dessen Organen der Wandlung – der Grotte. So lernen wir vom Berg die Ruhe und die Klarheit – die Einfachheit des Seins – die Einheit des Seins. Alle Substanzen strömen in Einheit, sammeln sich in den inneren Grotten der Umwandlung – Grob wird Fein – Eis wird Dampf – das kosmische Kind realisiert sich und die Atemkräfte der Gestirne kehren zurück in unseren Körper mit der einkehrenden Atmung des Embryos, der zyklischen und runden Atmung des Lebensprinzips.

Der Körper des Menschen wird durch diesen Prozeß der Klärung zum Körper des Berges mit inneren Seen, Wasserfällen, Kristallen und Mineralien, Höhlen und dem geheimnisvollen Paß.

Wenn der Drache des Berges in die unmeßbaren Weiten des Himmelsgewölbes steigt, geschieht dies ebenso beim Menschen, der zum Berg geworden ist – durch Raum und Zeit wandelnd ins Jenseits hinein.

Der Donner

Er rollt durch die Lüfte, schwängert den Raum, läßt die Erde erzittern, sein Schall knallt durch die Zeit, reinigt den Raum unnachgiebig sanft und doch mit unermeßlicher Resonanz.

Der Drache des Donners sammelt die Essenzen von Feuer und Wasser, Himmel und Erde und aller Zehntausend Erscheinungen.

Er rollt verspielt um Bergwipfel und vereint, was zerrissen, singt mit seiner unsagbaren Stimme den Zauber der Einheit.

Der Donner teilt sich der Welt mit, wo ein Loch entstanden zwischen Himmel und Erde.

Der Drache des Donners schwingt sich in Kreisen um die Welt und läßt geschmeidig werden was hart, neu werden was alt, dynamisch was statisch.

Der Blitz schlägt die Himmelstrommel, um den Donner zum Tanz einzuladen.

Wenn die Priester um Regen bitten, sammeln sie oft die Atemkräfte des Kosmos, um den Donnerdrachen einzuladen, der gerne den Himmel öffnet im Drachentanz.

Der Drache des Donners gilt bei vielen Priestern des Dao als durchdringenste aller Naturkräfte.

Diese alle Formen durchströmende Vibration des Donnerdrachen tanzt in seinen fließenden Spiralen über Länder und Seen, über Gebirge und Täler.

Die Drachen von Blitz und Donner gelten als ein Paar, die als Mutter Donner und Vater Blitz überliefert werden.

Der Drache des Nordens

Im Norden, wo die Nacht und die Dunkelheit, der Winter und die Kälte zu herrschen scheinen, sammeln sich Furcht und Verbitterung des Menschen, lebendig oder verstorben. Hier läutern sich die Seelen in der verborgenen Höhle des Universums und werden klar und rein, finden zurück zum Herzen des Himmels.

Die Schildkröte hingegen verkörpert die Natur der Langlebigkeit, das Überwinden des frühen Todes und des Sammelns der Essenzen von Himmel und Erde. Je länger die Schildkröte lebt, je mehr Zyklen von Leben und Sterben sie überdauert, um so mehr vereint und verkörpert sie den kosmischen Atem der Einheit. Die Schildkröte wird daher häufig als ein friedlicher kosmischer Drache auf Erden verehrt. Deswegen lernten die Priesterinnern und Priester des Dao von diesen heiligen Wesen den Blick des Himmelsauges auf der Stirn als auch die Speicherung des kosmischen Atems durch die Vermeidung jeglicher Hast. Außerdem lernten sie, daß der Rückenpanzer der Schildkröte mit zunehmender Weisheit durch die Speicherung des kosmischen Atems Bilder des Universums abbildet. Darauf beruhten während vieler Tausend Jahre das Orakel der Schildkrötenpanzer. Während die frühen Schamanen bei der Orakelbefragung das Leben der Schildkröte opferten, um die Panzer zu erhitzen und damit die Botschaften der Ur-Ahnen zu deuten, erhoben die Priesterinnen und Priester des Dao diese kleinen, viele Hundert Jahre alt werdenden Drachen zu den Hütern der Inseln der Unsterblichen und zur Schutzkraft des Nordens, die den Tod, die Furcht, die Zerstörung und die Kälte überwindet. Die Schildkröte erhielt jedoch für diese Aufgabe eine Schwester, nämlich die Schlange, die durch ihre Wandelbarkeit Zeit und Raum überwindet. Die Schildkröte umwunden von der Schlange ist die Schutzkraft des Nordens, das Totem des Lebensprinzips in Dunkelheit und Nacht.

Ganze Dynastien von Herrschern suchten unter diesem Totem ihr Land zu schützen vor bösen Kulten und dämonischem Zauber fremder Völker. Die Priester des Dao gewährten diesen Schutz den redlichen Herrschern reinen Herzens gerne.

Die Schildkröte symbolisiert aber auch in anderer Hinsicht die Drachenkraft der Zeitlosigkeit und friedvollen Überwindung von Aggression. Als die legendären Inseln der Unsterblichen durch die Habsucht der Menschen immer mehr in den dunklen Norden abzudriften drohten, wurden vom Jadekaiser, der höchsten himmlischen Instanz, die göttlichen Schildkröten dazu eingesetzt, die Inseln im universellen Ozean zu verankern. Laut Legenden wechselten sich diese alle sechstausend Jahre in ihrer Aufgabe ab. Als einige der urzeitlichen Inseln schon abgedriftet waren in die vorgeburtliche Anderswelt, wurde durch die himmlische Hilfestellung der Schildkröten die Insel Penglai fest im Ozean verankert, worauf die Unsterblichen in ihren Federgewändern sich darauf in Sicherheit bringen konnten.

Die Schildkröte von der Schlange umwunden stellt das Totem des mysteriösen Kämpfers und wahren Kriegers dar – Xuanwu – Zhenwu.

Der mysteriöse Kämpfer ist der Sohn der Mutter des Mysteriums, der kosmischen Quelle – Xuanmu. Der mysteriöse Kämpfer fängt die Dämonen der Nacht und des Todes und der Furcht, um sie dem Polarstern, dem Herzen des Nordhimmels zu überführen, wo sie durch das kosmische Herzenselixier wieder zu freudigen und frei fließenden Wesen umgewandelt werden. Der mysteriöse Kämpfer, die Schlangen-Schildkröte, sind jedem Kind im Reich der Mitte ein Begriff. Seit Tausenden von Jahren vertraut der Mensch der schützenden Kraft des Nordens, so wie auch die Vorfahren des ur-europäischen Nordens das Rentier oder den Bären, Wotan oder Brigit als ihre Traum- und Hauswächter verehrten.

Noch heute werden von den Priestern des Dao im Reich der Mitte täglich die Riten des mysteriösen Kämpfers zur Harmonisierung des Atems der Erde und der Menschen – zur Unterstützung der universellen Einheit – vollzogen.

Der Drache des weisen Baumes

Wurzel des Himmels, Blätter und Zweige, Nüsse und Blüten, Frucht und Grün
Luft stehend und bewegt, Wind in Kreisen wirbelt die Haare des Baumes
Wurzel des Himmels, Haare der Erde
Durch Deine Wirbelsäule den Nektar des Himmels vereinend in die Erde
Den Atem des Kosmos sammelnd in Deinem Stamm
Die leisen und lauten Klänge, die Musik des Jenseits und der diesseitigen Natur
Mit Deinem Kopf trinkend auch die Sonnenstrahlen und den blauen Schein des Mondes
Die Wesen des Himmels finden Schutz und Heimstatt nicht nur die Vögel
Die Zweige und Krone im Himmel wurzelnd zieht sich Dein Stamm als Kanal und Leiter
In die Erde tief und tiefer in einen Kreislauf von Unten und Oben
Aus der Mitte der Erde zieht die Kraft in Deine feinen Haare verästelnd hinauf
In Deine Mitte wo Himmel und Erde sich treffen und einen
Wandlung des weisen Baumes, Drache mit Rinde die Haut, Wurzeln in Himmel und Erde
Brücke der Welten und Wesen, Heimstatt der Naturgeister jenseits von Zeit
Drache des Baumes – Weisheit der Einheit von Hüben und Drüben
Drache des Baumes – Spiegel der Seele
Drache des Baumes – einend den Nektar des Himmels- und Erdwesens
Drache des Baumes – einend die Wälder
Drache des Baumes – überdachend die Wesen
Drache des Baumes – wurzelnd doch fließend

Drache des Baumes – fließendes Plasma im Kreislauf
Drache des Baumes – Leiter der Götter
Drache des Baumes – Samen zu Gigant
Drache des Baumes – Gigant zu Samen
Drache des Baumes – Ruhe in Bewegung
Drache des Baumes – Das Raunen der Wälder
Drache des Baumes – Wellen von Weisheit
Drache des Baumes – Träume übermittelnd
Drache des Baumes – Heilung des Menschen
Drache des Baumes – Bewahrer der Frucht
Drache des Baumes – Lehrer der Weisen
Drache des Baumes – Übermittler der Welten
Drache des Baumes – Atem der Welt

Der Hirsch

Im Unterholz verharrend, die Wandlung des Waldes verkörpernd
Die Potenz des Blutes des Waldes im Herzen pochend
Ein Tier mehr als ein Tier, das Blut des Waldes als Tier verkörpert
Die Potenz des Rhythmus der Blätter im Wind
In Wellen sammeln sich im Geweih
Verdichten sich im Knochen
Schiere Potenz des Waldes
Springt der Geist des Hirsches in weiten Sprüngen weit wie Himmel
Schiere Potenz des Waldes strömend durch alle Räume
Das Geweih die Wurzel des Himmels
Wachsend aus dem Himmel in die Erde
Einend der Atem des Hirsches
Die Bäume im Einklang mit dem Geweih
Durch das Geweih in alle Fasern
Pocht die Potenz des Waldes
Der Drache des Hirsches
Der Atem des Waldwesens
Ruhend – durchdringend
Herzschlag des Waldes
Potenziert im Herzen des Hirsches
Findet die Blume
Findet die Höhle
Findet die Mutter
Findet die Quelle
Ist die Wurzel in Wandel
Potenz des Waldes
Atem des Hirsches
Dein Ruf
Durch alle Blätter röhrend
In die Ewigkeit
Das Auferstehen des Urwesens
Des Waldes

Der Kranich

Der Kranich, vereint mit den Seinen
Nach dem Liebesakt, dem Vereinen
Ausgelassen und fröhlich, ekstatisch
Steigt er auf, sieht aus wie ein Mensch, dieser Vogel
Die Ekstase der Verschmelzung mit dem Himmel
Die Vereinigung des Geschlechtes von Himmel und Erde
Weißer Kranich – öffnet das Tor zum Himmel
Weißer Kranich – lasset Euch sehen Ihr Unsterblichen
Kranich du Weißer – breitet Eure Flügel aus und flieget
Einet die Welten, Wesen und Wolken
Füget die Stämme der Himmel und Zweige der Erde
Ordnet die Wesen im Flug des neunten Himmels
Durchströmet die Himmel im Lichtenschein der Jade
Geleitet die Wünsche und Bitten und Fürsprachen
Durch alle Tore des Himmels im einenden Flug
Öffnet die Räume der Träume und Wohlgeruch
Im ekstatischen Flug eröffnet das Buch der himmlischen Siegel
Die kosmischen Zeichen erzählen Eure Transmutation
Die Register wechseln von Tod zu Leben
Euer Atem erlöst das Verhärtete
Schrei des Kranichs – durch alle Zeit
Schrei des Kranichs – gestern und morgen
Schrei des Kranichs – Jenseits und Diesseits
Schrei des Kranichs – im Fluge der Seele
Des Kranichs Lied – überliefert die Wesen
Des Kranichs Lied – öffnet das Siegel der Träume
Des Kranichs Lied – Flöte des Himmels
Des Kranichs Lied – Traum und Jade
Des Kranichs Lied – Fließende Jade
Des Kranichs Lied – die Jade des Himmels

Die Perlenmuschel

Auf dem Grund des Meeres liegt eine kleine Muschel. Jedesmal bei Vollmond öffnet sie ihre Pforten, um den Atem der Mondgöttin aufzunehmen und in ihre Perle strömen zu lassen, bis sie wie der Mond selbst strahlt und die Mondgöttin sich in der Perle spiegelt.

So lebt die kleine Muschel in ihrem prächtigen Schloß und ernährt sich vom Atem der Mondgöttin und vom Plankton, das sie umgibt. Mondatem nährt ihre Perle und das Plankton ihren Körper. Die Perle ist die Essenz des Körpers und der Körper der Muschel die Mutter der Perle.

Eines Tages schwimmt bei Vollmond der Katzenfisch vorbei und nutzt die seltene Gunst des Augenblicks, wo die Pforten des Muschelschlosses weit offen stehen.

Der Katzenfisch führt sich das vom Mondatem tief versunkene Muschelwesen zu Leibe und wird plötzlich von einer kristallenen Stille ergriffen.

In einer tiefen Trance schwebt der Katzenfisch der Wasseroberfläche zu, hinaufgezogen vom Atem der Mondgöttin.

An der Oberfläche des Wassers angekommen wird er von einem Fischreiher erfaßt.

Der Vogel wird, je höher er steigt, um so größer und weiter.

Seine Flügel sind bald so weit wie ausgedehnte Wolkenschlösser, und mit jedem Flügelschlag vergrößert sich der Vogel in den Kosmos.

So wird aus einer kleinen Perlenmuschel ein unendlicher Drache, in dessen feinem Gefieder sanft der perlmutene Schimmer der Perle leuchtet – der Glanz der Mondgöttin.

Drache der Sonne

Rabe der Sonne
Fliegest in Wonne
Inmitten die Wärme
Und gleißendes Licht

Im Dreiklang des Weges
Zur Spirale der Mitte
Das Tor des Lichtes
Jenseits von Nichts

Öffnest die Augen
Heller Tag der Morgen
Schließest die Augen
Tief ist die Nacht

Lenkest die Bahnen
Welten und Sterne
Kreisende Ahnen
Jenseits von Macht

Inmitten des Lichtes
Tief und verborgen
Dunkel und kühl
Eine Grotte nur fühl

Der Rabe dort ruht
Geleitet ins Jenseits
Wenn Augen geeint
Das Herzen befreit

Drache des Mondes

Mondfee, blau und weiß schimmernd durch die Nacht
Auf den Meeren glitzernd und tanzend
Die Wasser küssend und Wesen verwandelnd
Mondfee
Sende Deinen Drachen in die Wolken
die Wesen steigen, die Säfte auf dem Höhepunkt
Mondfee
Dein dunkler Drache, Dein dunkles Gesicht für viele verborgen
Schildkröte im Mond
Hase aus dem Mond
Drache der Fee der Träne des Mondes
Pflanzen der Langlebigkeit gedeihen an Deinem Teich
Singen das Lied der Fee und ihres Drachen
Palast des Mondes, schimmernd wie durchdringender Kristall
Heim des Drachen der Mondfee
Wegweiser der Zeiten und Räume
der Wandlung der Wasser im Untergrund

Drache des Flusses

Drache des Stroms, aus der Quelle des Berges geboren
Aus der Quelle des Berges sprudelnd wild und jung
In der Gebärmutter des Berges rein und pur gesunken
Sprießt es aus dem Gebärkanal der Mutter hervor
Zischt über Abhänge in die Tiefe, sammelt sich in Becken
Um ganze Berge weich auszuhöhlen
Zieht Furchen tief in die Erde
Zieht wilde Spiralen um Felsen
Fließt und fällst, bäumst dich auf und sinkst immer wieder
Immer weiter sinkend ordnest du Dich unter, allem nachgebend
Alles ernährend aus dem Nichts
Läßt du die Erde gedeihen und alle Arten
Durchfließt unzählige Stadien der Wandlung und Färbung
Bringst verschiedenste Wesen und Pflanzungen hervor
Durch die Purheit deiner Tränkung
Sinkst und fließt durch Untergrund und Landschaften
Verbindest die Kontinente und Wesen
Wandelst zwischen Himmel und Erde
Völker stellten Theater auf an Deinen Ufern
Um Dich zu unterhalten Du Drache des Flusses
Auf daß Du wohlgesinnet seist und nicht überschäumest
Opferriten von unzähligen Generationen versuchten Dich zu erfreuen
Um Wohlstand und Ruhe durch Dich zu erfahren
Doch fließt und fließt Du immer fort
Dem unendlichen Ozean entgegen
Der Tiefe verbunden und Reinheit
Einheit des Alls

Drache des Windes

Flöte des Himmels
Orgel des Kosmos
Sanfte Übermittlung
Sanfte Botschaft
Sanfte Durchdringung
Orkan in der Höh
Taifun der Spirale
Echo der Götter
Drache des Windes
Pferd auf Wolken
Wind
Trägt die Frucht
Trägt den Schall
Fügt mit Echo
Wirbel der Potenz
Böe der Kraft
Lied der Ewigkeit

Drachenblut

Das Plasma des Drachen pulsiert – gleichzeitig still
Das Plasma des Drachen fließt – während es steht
Der Fluß des Drachenblutes eint und strömt
Durchdringt jeden Gedanken, durchströmt die Himmel
Eine Welt – aus einem Gedanken geboren
Ein Adler kreisend am Himmel
Ein Blutstropfen aus seinem Gefieder
Fällt durch Raum und trifft Stein
Der Stein pulsiert, wird Licht – atmet Drache – fließt
Der Stein atmet durch Äonen den Zyklus des Strömens
Verdichtet fließenden Atem, birgt Gedanken von Zeiten
Zeigt Geschichten von Göttern
Tanzt den Atem von Stoffen und Formen
Vereint die Wesen zu einem Körper
Durchdrungen vom Blut des Drachen wandelt des Kosmos Stein
Insekt zu Vogel, Vogel zu Wolke, Wolke zu Regen, Regen zu Stein
Blut des Drachen, Zeichnung des Tigers, Mähne des Löwen
Kraft des Bären, Flug des Kranichs, Ruf des Wales
Blut des Drachen, Plasma des Kosmos, Sonnen die Herzen, Sterne die Organe
Blut des Drachen, strömende Wandlung, fließender Körper
Plasma der Sterne, Plasma der Wesen, befruchtet die Blüten des Herzens
Blut des Drachen, pulsierende Venen, Blutbahn des Kosmos, Wandel des Ozeans
Drachenblut, Linie der Ahnen der Sterne, Zeugung der Menschengeschlechter
Arterien der Drachen, Grundstoff des Wandels, Plasma vor und nach Geburt
Blut vor und nach Tod, Blut des Lebens im Tod, Blut des Todes im Leben
Nährboden der Mutation
Blut des Drachen, strömende Einheit

Drachenknochen

Versammelter Atem und Blut
Versammelte Erde und Saft
Verdichtende Strömung in Glut
Gerinnendes Gerippe der Kraft

Drachenherz

Mitte des Himmels
Pulsierende Einheit
Verwandlung der Wesen
Trommel des Plasma

Nordstern des Poles
Wahrende Einung
Speicher des Nektars
Gesonderte Blume

Leuchtend im Himmel
Ordnend den Atem
Zündung des Äthers
Weisend die Kraft

Leitkraft des Wesens
Horizont des Alls
Heilung des Harten
Speisend den Saft

Fließende Nabe
Stille und sacht
Weisend die Wege
Leuchte der Nacht

Drachenkind

Der ungeborene Kosmos ist sprachlos
Die Wandlung geschieht ohne Worte
Das Kind des Drachen kennt nicht Gut noch Böse
Kennt nicht Hoch noch Tief
Es schläft und ist doch wach
Ungeteilte Präsenz
Unzerstreute Atmung
Ein Atemzug ein Äon
Embryo des Himmels
Schöpfung ohne Schöpfer
Gezeugt aus der eigenen sich schöpfenden Wandlung
Kind des allmächtigen Chaos
Chaos jenseits von Furcht und Freude
Fötus im Leibe der Quelle
Der Gebärmutter der Wurzel
Sprachloses kosmisches Kind
Das du erzeugst alle Geschlechter
Das du dich schenkst der Polarität
Das du bist die Wandlung
Unverwundbar in deiner Sanftmut
Wächst die Familie aus dir
Der Tod bedeutet Geburt
Immer ist das Drachenkind
Jenseits jeder Emanation
Himmelstor zur Vorgeburt
Dem unvergänglichen Leben
Jenseits der Einheit
Jenseits des Zählbaren
Himmel des intuitiven Seins
Der Heimat des Drachenkindes
Heimat des Kindes
Heimat der Bilder
Heimat der Kreation
Naiv so das Kind ist

Rückkehr zum Goldenen Kreis

Atmung tief, Atmung ruhig, Atmung rhythmisch.
Aufrecht Gehen, durchdrungen Liegen, aufrecht Sitzen.
Einheit zwischen Himmel und Erde.
Gedanken kommen, Gedanken gehen.
Bilder kommen, Bilder gehen.
Geschichten kommen, Geschichten gehen.
Gerüche kommen, Gerüche gehen.
Prägungen kommen, Prägungen gehen.
Schmerz kommt, Schmerz geht.
Angst kommt, Angst geht.
Freude kommt, Freude geht.
Geburt kommt, Geburt geht.
Sterben kommt, Sterben geht.
Fließenlassen, Treibenlassen, Gehenlassen, Heimkehr jenseits der Bilder.
Wasser aus Zeiten und Räumen und Geschichten gestaut kehrt Heim –
Zurück an die Orte, Räume und Zeiten, wo sie geschehen.
Wasser leitet Prägung, Bilder, fließenlassen zurück in den Ozean.
Münden in den Ozean durch unzählige Bäche, Flüsse, Wasserfälle und Seen.
Wild und schnell, sinkend und hochschnellend, spritzend und tränkend.
Sinken
Sinken in die Tiefe
Sinken in die Einheit
Sinken in die Klarheit
Sinken in die Reinheit
Sinken in den Kosmos
Sinken ins Universum
Vergessen die Bilder, zurückgekehrt woher gekommen, Heim.

Vergessen die Triebe.
Vergessen die Emotionen.
Vergessen die Taten.
Vergessen den Atem.
Verschmolzen
Vereint
Geeint.
Gesunken
Gestiegen in den Goldenen Kreis.

Literaturverzeichnis

Die Bahn und der Rechte Weg des Lau-Tse, Alexander Ular, Insel-Verlag 1919

Daoism and Ecology, edited by N. J. Girardot, James Miller, Liu Xiaogan, Harvard University Press for the Center for the Study of World Religions of Harvard Divinity School 2001

Lao Tzu Tao Te Ching, transl. by D. C. Lau, Penguin Classics 1963

Laozi et le Tao, Isabelle Robinet, Bayard 1996

Le Corpse Taoiste, Kristofer Schipper, Fayard

Yuan Dao, transl. by D. C. Lau and Roger T. Ames, Ballantine Books 1998

Original Tao – Inward Training (Nei-yeh), Harold D. Roth, Columbia University Press 1999

Les Druides, Francoise le Roux/Christian-J. Guyonvarche, Edition Ouest France 1995

Hunyuan Qigong, Luc Théler, Ryvellus bei Neue Erde 1999

Zu den Quellen des Taijiquan, Luc Théler, Ryvellus bei Neue Erde 2002

Für weitere Informationen zum Daoismus: www.gongfu.ch

Vom selben Autor

In diesem Buch werden erstmals die Ursprünge des Taijiquan (Tai Chi Chuan) aus der Perspektive des Daoismus dargestellt. Dieses Buch ist nicht nur für Begeisterte und Interessierte des Taijiquan empfehlenswert, sondern bietet auch dem an der Lebenskunst der alten Chinesen interessierten Leser faszinierende Eindrücke.

Die Besonderheit dieses Buches ist die gänzlich neue Sicht auf Zusammenhänge des Taijiquan mit dem religiösen Daoismus. Es werden hier kosmologische und kulturelle Verbindungen des alten China und dessen Weltsicht aus der Perspektive des Taijiquan eingehend beleuchtet und erklärt.
In diesem Buch werden die Grundlagen und Hintergründe auch ausgehend von den Ursprungsschulen und Mythen der Wudang-Gebirge behandelt sowie die grundsätzlichen Begriffe und Harmonien erklärt. Insbesondere wird die Kunst des Taijiquan als ein Abbild der Harmonie und Dynamik der Natur dargestellt.

Co-Autoren dieses Buches sind Experten wie Scott Phillips, der in seiner profunden Kenntnis des Daoismus weitreichende Erkenntnisse über Begriffe wie das Qi vermittelt. Die Entstehung und Entwicklung des Taijiquan wird von Generation zu Generation zurückgezeichnet, was dem Leser ein umfassendes Bild über die Konzepte und prägenden Meister dieser Kunst erlaubt. Philosophische, energetische, kampftechnische und spirituelle Quellen des Taijiquan vereinen sich in der Lektüre dieses Buches zu einer ganzheitlichen Sicht. Viele Zitate der alten Meister lassen uns die Weisheit des alten China spüren.

Luc Théler
Zu den Quellen des Taijiquan
Das Dao in Bewegung
Kart., 160 Seiten
ISBN 3-89060-462-5
Ryvellus bei Neue Erde

Weitere Infos unter www.gongfu.ch

Tai Chi und Qi Gong beruhen auf dem jahrtausendealten Wissen der daoistischen Priester, das aus der Beobachtung der Natur die grundlegenden Prinzipien des Kosmos ableitet. Durch die gezielte Anwendung und Lenkung der Naturkräfte im eigenen Körper wird der Übende Gesundheit und innere Kraft erfahren. In diesem Buch findet der Leser das authentische, über viele Generationen von Meister auf Schüler übertragene Wissen wie auch die Anleitungen für Übungen, von denen viele durch dieses Buch im Westen erstmals bekanntgemacht werden.

Hunyuan Qigong (= Lenkung/Entfaltung der Urkraft) ist ein bislang geheimgehaltenes System zur Freisetzung und zum Ausgleich körperlicher wie auch seelischer Kraft, in welchem der gesamte Körper durch spiralförmige Bewegungsabläufe von innen heraus massiert und ausbalanciert wird. Die Essenzen von Himmel und Erde, Feuer (Sonne) und Wasser (Mond) wie auch die Dynamismen von Tieren wie Schmetterling und Tiger werden im Schmelztiegel jenseits der Polarität in der eigenen Wesensmitte vereint. So werden die verschiedenen Ebenen unseres Wesens in einen natürlichen und entspannten Kreislauf gebracht.

Luc Théler beschreibt in diesem mit vielen Fotos versehenem Handbuch erstmals die ursprüngliche Form des Qigong (»Hunyuan Qigong«). So offenbart er die Quellen der Inneren Alchemie in ihrer praktischen Anwendung. Der Autor beschreibt nicht nur detailliert die Bewegungsabläufe der einzelnen Übungen, sondern geht auch auf deren innere Bedeutung ein.

Luc Théler
Grundlagen und Praxis des Hunyuan Qigong
In der Bewegung der Natur
Gb., 384 Seiten
ISBN 3-89060-420-X
Ryvellus bei Neue Erde

Sie finden unsere Bücher in Ihrer Buchhandlung oder im Internet unter *www.neueerde.de*

Bücher suchen unter: *www.buchhandel.de* (hier finden Sie alle lieferbaren Bücher und eine Bestellmöglichkeit über eine Buchhandlung Ihrer Wahl).

Bitte fordern Sie unser Gesamtverzeichnis an unter

Ryvellus bei NEUE ERDE Verlag
Cecilienstr. 29
D-66111 Saarbrücken
Fax: 0681 390 41 02
info@neueerde.de

Ryvellus
bei Neue Erde